野尻哲史

日本人の4割が老後準備資金0円

老後難民にならない「逆算の資産準備」

講談社+α新書

◉目次

第2章　20〜30代DC不足、40代トリレンマ、50代シングルズ

第5章　退職金、どう運用したらいいのか

序章　このままでいいのか？

英国での〝普通のこと〟

2013年2月にロンドンを訪ねた時、ヒースロー空港からホテルに向かうタクシーで、運転手の方に「アイサって、知ってる?」と聞きました。「アイサ」というのはISA、Individual Savings Account(個人貯蓄口座)のニックネームで、日本のニーサ(NISA、少額投資非課税制度)のもとになった制度です。

運転手の答えは、「ああ、持っているよ。妻も、それに23歳になる息子も」でした。アイサというニックネームを口にしただけで伝わること、家族でそれぞれ持っていること、しかも当然のように……。ちょっと日本では考えにくい状況ですが、これもアイサが普及しているからでしょう。なにしろ2400万口座、対象年齢人口の半分近くが口座を持っているのですから。

2014年3月にもロンドンに行きました。ちょうど、英国財務省が翌年度の政策を発表した翌週のことでした。この発表は、金融業界に大きな驚きを持って迎えられ、現地のフィデリティのオフィスでのミーティングもその話が中心になってしまいました。

ISAを大幅拡充してNew ISAにすること、年金の引き出し要件を大幅に簡素化して新たな金融商品の開発を促《うなが》すことが主眼でした。内容は後述するとして、その詳細を記載した報告書が「Freedom and choice in pensions」です。「年金における自由と選択」とでも訳せばいいでしょうか。全48ページの改革の説明書の中で〝Consumer〟という言葉が54回登場します（ちゃんと数えました！）。

Consumer は「消費者」と訳されます。日本語にしてしまうと、日用品や食品を購入するという意味での消費をする人、または庶民と同じ意味合いを持つ慎《つつ》ましやかに生活している人のようになりますが、この報告書の中では「金融サービスを受ける人」を表していて、政策の受益者でもあるという感じです。

資産形成の話ですから、日本なら投資家といっていいのでしょうが、英国では投資家という位置付けではありません。普通の生活者で、ただ年金制度を使って資産形成をしている人を投資家と呼ばず、Consumer と呼ぶ。目線が大きく違っているように思います。

日本での資産形成も、ロンドンで感じたようにもう少し〝普通のこと〟にならないでしょうか。もちろん英国でも、「お金のことは人に話すことではない」というそうですが、それでも資産形成が普通のことになっている、と感じます。対象となる人の半分がＩＳＡの口座を持ち、資産形成／資産活用を必要とする人たちが、食料品を買う人と同じように Consumer と呼ばれる、日本もそんなふうになるといいなと思います。

退職者が後悔していること

２０１１年に、退職金を受け取った60－65歳の方、８０１８人にアンケート調査を行い、その中で「定年退職前にやっておけばよかったことは何か」を聞きました。その第1位は、50・6％の方が挙げた「退職後の生活に心配しないだけの資産形成」でした。第2位の「趣味を持つこと」の33・４％を大幅に上回って、過半数の方が後悔する「老後のための資産形成」。これは、そんなに難しいことなのでしょうか。

私は、フィデリティ退職・投資教育研究所の所長になって、これまで数えきれないほどのセミナーをさせていただきました。飛行機を乗り継いで向かった先でお客様が3人だったということもありましたし、シンガポールでは１０００人規模のセミナーを一日に2度実施したこともあります。大学で学生向けにお話ししたり、地方で高齢者向けのセミナーをさせていただくこともあります。

そうした中で感じるのは、あまり状況を把握しないままに老後の生活を心配している方が多いという現実です。いや、その心配があまり腑《ふ》に落ちていない方々が多い、といったほうがいいでしょうか。

年金について心配ですか？　と聞けば、９割の方が「不安だ」「将来、年金がもらえるかどうかわからなくて心配だ」と答えます。ほとんどの日本人が、公的年金だけの老後の生活の不安に気づいています。にもかかわらず、その対策として資産運用を考えようというところにつながらない。不安が腑に落ちていない。

英国政府は、２００２年に年金委員会を３人の有識者で立ち上げ、３年間で膨大な報告書を出しました。内容を全部読んだわけではありませんが、趣旨は「公的年金では国民の老後の生活をすべてカバーできない」という宣言です。その時点から個人で資産形成するための、自助努力のための施策が矢継《やつ》ぎ早《ばや》に制定されました。勤労者全員が加入できるように仕組みを整えた確定拠出年金制度の導入、年金口座への非課税拠出額の大幅引き上げ、ＩＳＡの拡充などです。

一方、日本はどうでしょう。２０１４年６月３日、厚生労働省の社会保障審議会年金部会で、公的年金の長期的な財政状況が報告されました。その会場で傍聴《ぼうちょう》していた私は、強い違和感を覚えました。

たとえば２０５５年度を視野に入れ、経済成長率、物価、運用利回り、雇用情勢などの前提において８つの場合に分けた「所得代替率」を推計しています。これは、「所得代替率が50％を下回らないように所用の政策を実行する」ことを政府が約束しており、その可能性と施策を検討するための基礎資料を作成するという、5年に1回の年金財政検証の一環です。8つのうち5つのシナリオで50%を維持できる、という結論でした。「100年安心」な年金制度なのです。

しかし、そもそも所得代替率50%を維持するというのは、どういう意味なのでしょうか。これは、厚生年金に加入しているサラリーマンの平均手取りを分母に、年金の支給額を分子にして算出したもので、50%というのは、現役サラリーマンの手取りの半分を年金で受け取れる、ということです。

これだけ聞くと、なかなかいい感じがしますよね。しかしちょっと考えてみると、疑問が出てきます。サラリーマンの平均手取りというのは、加入者全員ですから、新卒者も定年直前の方も含まれます。おおよそ30代後半くらいの手取りになるのではないかと推測されます。その半分、なのです。その額は新卒の給料くらいでしょうか、それ以下でしょうか。しかも、ここから税金や社会保障費も引かれるのです。これで夫婦〝2人〟(そう、2人です)が生活できるでしょうか。

これに対し、欧米では一般に、退職直前の年収を分母に退職後の収入を分子にする「目標代替率(Target Replacement Rates)」が使われます。個人の退職後の生活は、現役時代の最後の生活レベルに大きく左右されることから、退職直前の年収が比較対象に使われるのです。日本の場合の所得代替率はサラリーマンの全体平均ですから、個人の生活レベルの話ではなく、財源の問題を議論しているように思えてなりません。

その前提で「50％を維持する」というのは、制度維持が先に考えられているといっていいでしょう。でも、制度が残ったとしても、それで私たちが生活できなければ意味がありません。いや、国民に要らぬ期待を持たせて結局はできないということでは、罪です。

ちょっと大きな話になってしまいましたが、Consumer として、私たちには何ができるでしょうか。

20代で金融資産1000万円以上

2014年4月にフィデリティ退職・投資教育研究所は、勤労者3万人のアンケート調査を実施しました。前年のサラリーマン1万人アンケートを大きく上回る規模で実施したのですが、その分析をしている中で、ちょっと気になる人たちをみつけました。20代なのに（失礼！）金融資産を1000万円以上持っている人たちです。彼らはいったいどうやって、1000万円の金融資産を持てるようになったのでしょうか。

このアンケートでは、20代6188人の中で、454人が金融資産1000万円以上を保有していると回答していました。「思った以上に多い」という印象を受けたのですが、ほかの20代の人と比べてこの方たちの特徴を探ってみると、もっと面白いことがみえてきました（図表１）。
当然ながら、投資に興味があるということが如実《にょじつ》に表れています。投資をしている人の比率は44・５％と、20代の平均17・９％を大きく上回っています。「投資」という言葉に対するイメージもポジティブですし、保有している金融資産もかなり分散されています。**長期投資、分散投資、時間分散**といった投資の理論についてもよく理解しています。

しかしこれは、金融資産１０００万円以上を作り出した理由なのか、それとも１０００万円以上を持っているから出てきた結果なのか、判然としません。当然、１０００万円以上の金融資産を持つにいたる経過はあるはずなので、資産が増えれば運用をし、運用の結果で資産が増えるという螺旋《らせん》階段のような関係は想像できます。

さらに、「公的年金制度を理解している」と回答している比率は、54・０％と20代平均の32・７％を大幅に上回り、「公的年金給付額を知っている」と回答した比率も51・１％と平均29・７％を大きく上回りました。**ＤＣ（確定拠出年金）**への加入者が33・２％と、同じく平均の16・８％を上回っているだけでなく、ＤＣを知っているとする人の比率も41・４％と、平均の21・７％の倍の水準です。ＤＣとは、後でまた説明しますが、受け取る年金額が決まっている従来型の企業年金と違って、会社が拠出する金額が決まっていて、それを自分で運用してその成果で受け取る年金額が決まるタイプの年金のことです。

図表1　20代で金融資産1000万円以上保有する人の特徴

単位：%

	設問		全回答者（3万2494人）	20代全体（6188人）	20代で資産1000万円以上層（454人）
DCへの理解と加入	DCに加入している		18.8	16.8	33.2
	DCを知っている		31.6	21.7	41.4
	（非加入者を対象に）DCに加入したい・検討する		14.4	13.0	25.4
年金制度への理解度	公的年金制度を理解している		43.8	32.7	54.0
	公的年金給付額を知っている		47.8	29.7	51.1
退職後の生活を楽観しない	退職後の生活に公的年金以外に必要な金額		2952.8万円	2549.1万円	3438.3万円
	退職後の生活費の水準（退職直前の7割以上）		29.2	26.8	38.1
資産運用に積極的	退職後の資産形成策	資産運用	7.7	6.2	17.2
		計画的貯蓄	13.8	14.2	29.7
	退職後資産準備に必要な方法	資産運用	17.7	16.0	26.2
		預貯金を使っての蓄え	43.1	45.2	41.2
	投資に対するポジティブなイメージ		23.0	25.9	41.1
	余裕資金の優先的使い道	将来のための貯蓄	45.0	37.9	34.6
		将来のための投資	11.5	10.2	17.8
		趣味・旅行	35.3	39.5	35.0
	現在投資をしている		27.3	17.9	44.5
	保有金融商品	日本株	66.7	58.8	71.3
		外国株	7.6	9.2	16.3
		外貨預金	16.8	15.6	25.7
		日本債券	13.4	12.3	23.8
		外国債券	8.3	6.2	14.4
		日本株投信	22.0	17.6	22.3
		外国株投信	16.7	13.9	17.3
		毎月分配型投信	17.8	12.0	16.3
		外国為替証拠金取引（FX）	14.7	19.9	20.3
	投資理論は有効である	長期投資	33.5	30.8	58.8
		分散投資	36.0	29.3	55.9
		時間分散	21.1	18.1	36.3
Webと新聞で金融情報を入手	お金に関する情報の入手先	金融機関のWebサイト	11.1	9.4	20.7
		新聞記事	6.7	2.8	6.6
		TVの情報番組	13.0	13.3	14.1
		家族との会話	4.3	5.9	9.7

（注）「公的年金制度を理解している」は「よく理解している」と「だいたい理解している」と回答した人の合計。「公的年金給付額を知っている」は「よく知っている」と「だいたい知っている」の合計。「投資に対するポジティブなイメージ」は投資という言葉を聞いて感じるイメージのうち「前向き」「楽しい」「儲け」「明るい」の4つを合計した比率。「保有金融商品」は現在投資をしていると回答した8868人（うち20代は1105人、1000万円以上資産がある層は202人）が対象。
（出所）フィデリティ退職・投資教育研究所、勤労者3万人アンケート、2014年4月

退職後に公的年金以外に必要となる資金総額は3438・3万円と、20代平均を35％上回るなど、退職後の生活を楽観する比率も少なくなっています。これらの要素は、たとえば、遺産相続で1000万円以上の金融資産ができたからといって出てきた特徴とは思えません。因果《いんが》関係からいえば、これらは原因であって、こうした特徴から金融資産が増える結果がもたらされている可能性が高そうです。

これらの特徴は、まさしく老後資金の必要性に対する〝気づき〟が大きいということを示しています。しかも、特別なことではなく、誰でもできることです。

加えてもうひとつの特徴が、お金の情報を得る情報源として、「金融機関のＷｅｂサイト」と「新聞記事」を挙げている比率が高いことです。これも誰でもできることではないでしょうか。

成果を求めるためのスタート、できることは意外に身近なところ、足元にあるものだということを改めて教えられました。

資産形成は〝気づき〟

確かに、人によっては資産形成は難しいことかもしれません。しかし、実はそれほど難しくないにもかかわらず、「難しい」と思い込んでいるだけの人もいるのではないでしょうか。なにしろ、20代で1000万円以上の資産を持っている人が意外に多くいるのですから、けっして難しいものではないはずです。

そこで大事なのは、「資産運用が必要だ」ということをどう〝自分のこと〟とするかでしょう。でも、「資産運用の話は自分に向いているとは思えない」と感想を持たれる方が多くいらっしゃいます。

「難しい言葉が多い」
「自分のしたい投資と違うような気がする」
「まだ、まとまった資金がなくて投資を考えている場合じゃない」
「やらなければならないとは思うけれど、もうちょっと勉強してから始めないと大損しそう」

などなど、なかなか資産運用に踏み込めない理由が出てきます。

私が思うに、こうなってしまうのは、その人に合った投資の必要性を説《と》いたメッセージが届いていないから、なのではないでしょうか。すなわち、送り出されたメッセージが受け取った側に〝気づき〟をもたらすほど自分事としてとらえられなかったわけです。

メッセージを届ける側、たとえば金融機関側からみると、多くの人に向けて大量に届けるほうが効率的ですから、個人の事情に合わせてメッセージを細かく送ることはなかなかできません。

そのため、メッセージを受け取る側からすると、一般的な投資の必要性に関するメッセージは自分のことのように思えなくなりがちです。送り出された投資に関するメッセージと受け取るべき人の事情とのミスマッチが発生してしまっているのです。

セグメント分析が重要

このミスマッチをどう取り除くべきでしょうか。メッセージを受け取る側が一歩あゆみ寄ることは必要でしょう。新聞を読むようにするとか、金融機関のＷｅｂサイトで少し情報を集めてみるとか。もっと進んで、ファイナンシャル・プランナーに相談に行って、自分に合ったメッセージを受け取って資産運用に一歩踏み出すことができればなによりです。

逆に、メッセージの送り手が一歩あゆみ寄ることもできるはずです。一律なメッセージを送り出すのではなく、受け手の状況に合わせたメッセージに細分化して送り出すのです。

もちろん細分化といっても、個人個人にメッセージを送ることは無理な話です。でも、一律でなく個人個人でもない、けれども共感を得られる程度に細分化したメッセージなら送り出せるはずです。いや、送り出さなければなりません。たとえば、20代の方向けのメッセージとか、50代でシングルの方向けとか、非正規雇用の人向けとか、自営業者向けとか、それだけでもいいのです。

フィデリティ退職・投資教育研究所では、サラリーマン1万人、退職者８０００人、相続人5

500人、勤労者3万人、女性6600人といった規模でのアンケート調査を実施してきました。アンケートを取ってよくわかったのは、もう平均でものは語れない、ということです。「今さらそんなことをいっているのか」と思われるかもしれませんが、改めてそう思うのです。

今や50代の2割がシングル

ご存じでしたか？　50代の2割が今やシングルなのです。結婚していなかったり、離婚・死別だったりと理由はさまざまですが、2割です！　50代だからといって一律のメッセージでいいわけがありません。

新生児の4人に1人の母親は35歳以上です！　40代になって新生児を持つ親が、2～3割いるということです。この人たちは将来、自分の老後の問題のほかに、子供の教育費と親の介護が一気に来てしまいます。私はこの3つの難問を一度に抱えることになる世代を「トリレンマ世代」と呼んでいます。

20代、30代の男性の3割が投資をしている！　実はFX（外国為替証拠金取引）といった投機的な取引にハマっているとはいえ、立派な投資家です。この人たちに必要なのは、「時間分散」

（後述）のロジックです。

650万人が、制度導入から最初の3ヵ月でNISAの口座を開設しています！　証券業界だけで421万人で、でも実際にお金を入れているのは22％。ということは、8割が口座は開いたものの投資をしていないということがわかります。

こうやって考えると、資産形成という視点だけでもいろいろなセグメント（集団）ができることがわかります。それぞれ、そのセグメントの人に刺さるメッセージを送ることができれば、より強い〝気づき〟につながるはずです。

送り手側が一歩あゆみ寄るというのは、こうしたことなのではないでしょうか。

「老後難民」の解決策

2010年に上梓《じょうし》した拙著『老後難民　50代夫婦の生き残り術』（講談社+α新書）は、「老後難民」という厳しい表現を世に送り出して、〝気づき〟を持っていただくことに主眼を置きました。特に、高齢化率が高まれば高まるほど、高齢者サービスを求める人が増えるのにそのサービスを提供する現役世代が減り、サービス価格が上昇する可能性が高まります。その結果、想定以上の支出を強《し》いられることになる点は、より明確に理解しておく必要がありました。そのうえで、自分の準備度合いは十分だろうか、と考えていくプロセスの起点を明確にできたと思っています。

とはいえ、細かいセグメントごとにメッセージを送ったわけではありませんでした。そこで今回は、ある程度セグメント別のメッセージを出すとともに、年代別というセグメントを柱にして、老後難民にならないための施策をまとめて、その筋書きを描いてみました。「筋書き」と称しているのは、脚本やセリフは、読者それぞれがこれから書き上げるものであって、最終的には演じる自分が決めることになるからです。

55歳となった私も、多くの読者の皆様と同じで、退職までに十分な時間がありません。今、一生懸命対策を立てて実行しなければならない年代ですが、「若い時代にもっとやっておけばよかった」との後悔も大いにあります。その意味では、本著は20〜30代の人にとっても重要なメッセージを持っています。少しでも早く始めれば、その分楽ができたのですから。今さら愚痴《ぐち》をいってても仕方ありません。落ち着いた退職後の生活ができるように、読者の皆様も一緒に資産形成をしていきましょう。

第１章　「老後難民」時代を乗り切る

何歳まで元気でいられるか?

「さとし、元気か?」

ときどき祖母と電話で話をしますが、現在96歳になる祖母は、耳は遠くなり、目はよくみえず、足腰も弱くなったとはいえ、幸いにもまだまだ私のことを気遣ってくれます。うれしいかぎりです。

現在60歳の女性の5人に1人は96歳まで生きる時代です。とはいえ、なんとか一人で生きていける元気な96歳はそれほど多いとはいえないでしょう。平成25（2013）年版の「高齢社会白書」によると、75歳以上の要支援者は111万人、要介護者は315・6万人もいます。合計で420万人以上。これは、75歳以上の人口の29・9%に達しますから、75歳以上の3割が介護などを必要とする時代になっているのが実情です。

また、日常生活に制限のない健康な状態の年齢である「健康寿命」は、厚生労働省の2010年のデータで、男性が70・42歳、女性が73・62歳です。男性の平均寿命は79・64歳ですから9・22年、女性だと平均寿命は86・39歳ですから12・77年の開きがあります。

平均的にいえば、〝日常生活に制限の出ている時期〟が10年前後ある、ということになりますから、私たちの晩年はけっして楽なものではないということでしょうか。

経済的な問題が老後を深刻化させる

ところで、2010年に『老後難民』と題する本を上梓《じょうし》したことで、多くの方から「老後難民」ってなんだ、と聞かれるようになりました。年齢を重ねることで肉体的に衰《おとろ》えたり、生活力が落ちたりすることは否《いな》めませんが、経済力が落ちることでその状況がよりいっそうひどくなったり、まだまだ生活できる力があるのに孤立したりすることが懸念されます。自分では大丈夫だと思える資産があっても、実は想像以上に費用がかかり、それによって最後年になって一気に経済力が落ちることもあり得ます。

私は「老後難民」を、「自分が思っている以上に経済力が落ちることで、単に高齢になることが普通以上に負担となる高齢者」と位置付けています。ここで肝心なことは、肉体的な問題が本質的な問題ではなく、経済的な課題が問題を深刻化させるという面に注目していることです。

さて、今の30代が高齢者の仲間入りをする35年後の日本の人口構成をみてみましょう。

国立社会保障・人口問題研究所の人口推計によると、35年後の2050年の日本の人口は1億人を下回って、9700万人強となっていると見込まれます。現状から約3000万人も減少しているわけです。65歳以上の高齢者は3800万人弱で、現在から800万人程増えており、減少はもっぱら現役世代です。20－64歳の人口は４６００万人強で、現在より３０００万人ほど減る推計です。さらに19歳以下も１０００万人ほど減って、１３００万人くらいになります。

20－64歳の人口が４６００万人強で、全人口に占める比率は47・８％。すなわち、20歳から64歳までの、現役世代だけでなく、専業主婦や学生など全員で高齢者と未成年者を支えるとしても、１人が１人以上の面倒をみなければならない時代ということです。

そう理解すると、現在の現役世代が〝支えられる時代〟には、高齢者向けのサービスは需給バランスから考えても、価格が上昇することは避けられません。高齢者向けサービスは、他の産業よりも人的サービスとなる側面が強いものです。しかも、その担《にな》い手たる現役層が少ないだけでなく、重労働であることからやはり敬遠されるビジネスでもあるため、供給が少なくならざるを得ません。

一方で、高齢者は増えることがあっても減ることはありませんから、需給バランスが引き締まることは避けられないのです。もちろんインフレの時代になれば、さらに高齢者向けサービスの価格は上がる可能性が高いといえます。

もし、現在用意している、または用意しようとしている老後資金がそれなりの金額になっているとしても、実際その時点になってみたら十分ではないということもあり得るのです。その場合には、思った以上に生活に困窮《こんきゅう》することになりかねません。しかも最もサポートが必要で、最

図表2　10年後のあなたの家計は今と比べてどうなっていますか

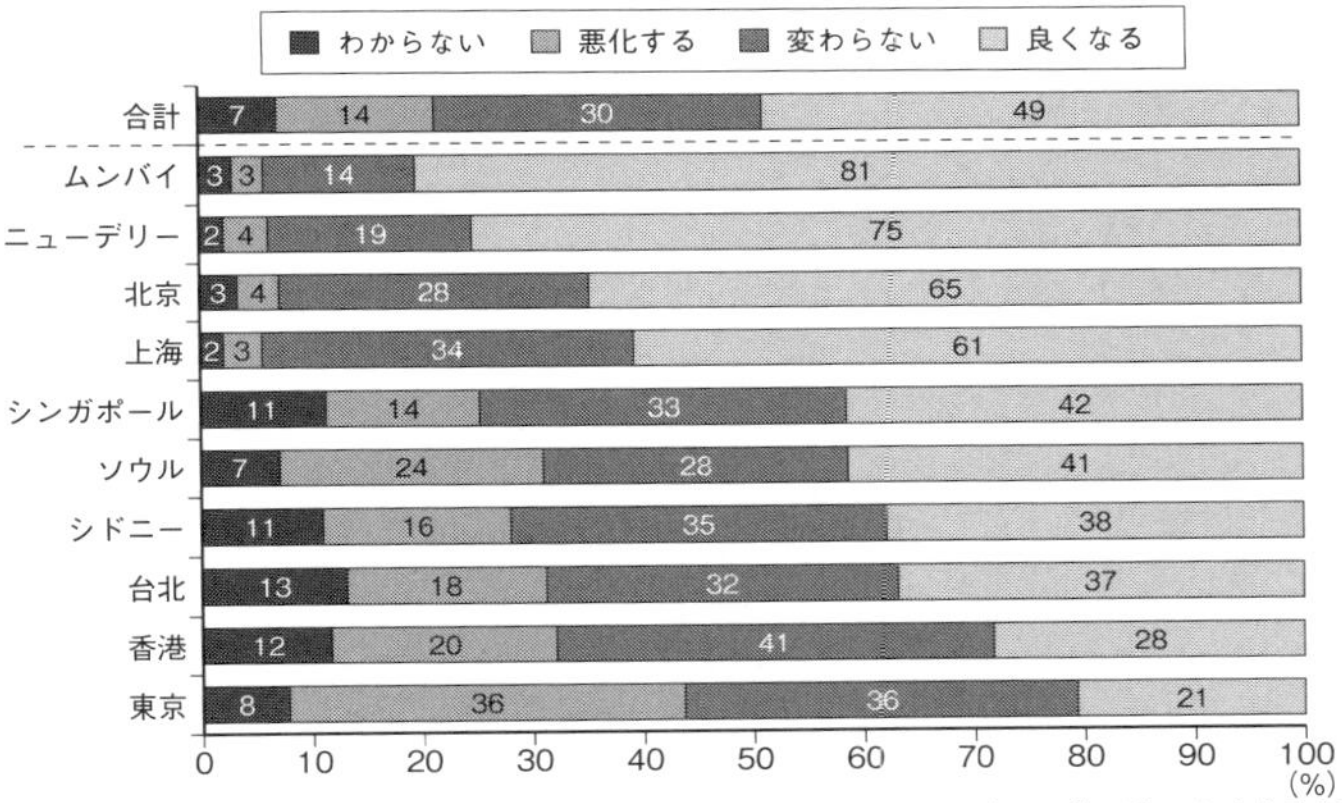

（注）2012 年 3 月に実施したアジア 8ヵ国 10 都市でのアンケート調査。四捨五入のため合計が100%にならない場合がある。
（出所）Fidelity Worldwide Investment レポート「Rich me? Poor me?」、2012 年 7 月

も自分の対応力が弱くなっている人生の最後半の時期に。

アジアで一番悲観的な日本人

日本の現役世代が将来に対してかなり悲観的になっています。

2012年にフィデリティ・ワールドワイド・インベストメントが行ったアジア8ヵ国10都市でのアンケート調査（対象は25－54歳、5186人）の結果は、かなり衝撃的でした。「10年後の自分が所属する所得階層は今の所得階層と比べてどうなっているか」と聞いた設問に対し、東京は「悪化する」と回答した比率が36%と、10都市中最悪の水準でした。「変わらない」の36%と合わせると、実に72%が「良くならない」と答えているこ

とになります。中国やインドの都市が6割から8割の水準で「良くなる」と答えていることと比べ、いかに日本の現役層が悲観的になっているかがわかります（図表2）。

単純に考えても、中国やインドと日本では経済の発展段階が大きく違っていますから、まだ発展の余地の大きい国や都市では、経済発展への期待が大きく、その〝期待の差〟がこうしたデータに表れてもいるのでしょう。でもその一方で、これだけ突出した日本の数値の悪さには、少子高齢化による将来への漠然とした不安が影響していることも容易に理解できると思います。

勤労者3万人の切実なホンネ

2014年4月に実施した、勤労者3万人に行ったアンケート調査では、「公的年金以外に必要な老後の資金は総額でいくらか？」という設問に対する回答の平均が2952・8万円でした。これを年代別、性別に平均値をとってみると、ほぼどの年代も、男性女性にかかわりなく、3000万円の上下1割程度の範囲に入ってしまいます。

いろいろな角度からこのデータの持つ意味を考えてみると、どうも「1000万円では少ないと思うけれど、5000万円なんてとても自分で用意できない」、こんな心理が各年代、どちらの性別にも働いているように見受けられました。これは、行動経済学でいうところの「アンカリング効果」です。

人間は事前に聞いたり、ほかのことで考えていたりする数値を、知らず知らずのうちに〝自身の数値に関するあるべき基準〟として持ってしまうことがあります。たとえば、もともと1万円の値段のウイスキーでも、「3万円の小売価格から値下げした」と表示するだけで「安い」という印象を受けます。これは、3万円という設定がアンカリング、すなわち船の錨《いかり》のように人の意識の中に残り、これと比較することで数値を判断してしまうという人間の意思決定のクセともいうべき行動バイアスのことです。

多くの人が、老後の資金はかなり必要なはずだという意識がある一方で、5000万円以上だととても自分の力では作り出せないと思えば、その間の区切りのいい3000万円程度に収めようとする意思が潜在的に働いている可能性があります。

すなわち、本当はもっと多く必要なのに、回答の平均値は実際よりも小さくなっているのかもしれないわけです。

必要老後資金は所得に比例

だとすると、こんなアンケート調査は意味がない!?　なんて思わないでください。

これを年収別にすると別な点がみえてきます。きれいに「年収が高い人ほど老後の資金は多く必要だ」と回答していることがわかります。年収300万円未満の方は平均2576万円、700万円以上1000万円未満の年収の方は3576万円、1000万円以上1500万円未満の年収だと4336万円。ほぼ1000万円ずつ増えています。

これは、「人は年収が上がるにつれて生活水準を引き上げており、退職したからといってその生活水準を簡単には引き下げられない」ということを表していると思われます。これらはアンケート調査から得られた重要なポイントです。

私たちは、少しでもいい生活をしようと一生懸命働きます。その結果年収が増えて、30代よりも40代、40代よりも50代と暮らし向きが上がるように努力します。しかし、それに伴《ともな》い、老後の生活水準も必然的に上がってしまうことに注意が必要なのです。

若い時代には、「老後にそこまでの生活費は必要ではない」と考えて、十分な対策を取らずに収入の多くを日々の生活に費《つい》やしてしまいがちです。しかし、それを続けていると結局、無駄に生活水準が引き上がり、準備不足のまま生活水準の比較的高い退職後の生活に突入することになってしまいかねません。

退職のような大きな変化の中でも、こうした行動バイアスが起きることをよく理解しておく必要があります。

ちなみにアンケートでは、「退職前後で生活費はどう変化すると思うか」についても聞いているのですが、「退職したら生活費は現役時代の半分以下になる」と答えた方が40・9%にも達しています。しかし、実際にはそんなに少なくありません。フィデリティ退職・投資教育研究所が総務省統計局の2009年家計調査をもとに、50代後半の生活費と65歳以降の生活費を、条件をできるだけ同じように調整して比較してみたところ、「退職後の生活費は現役最後の時代のだいたい68%」であることがわかりました。また、最近セミナーでお話をさせていただくたびに、参加者に同じ質問をしていますが、ほとんどが「7割くらい」か「変わらない」と答えています。

50%と68%の差、これはかなり大きなものになります。退職直前の年収が600万円の方なら300万円と408万円、年間108万円の差、35年間で考えると、3780万円の不足をもたらすことにつながります。ちょっと大きな金額です。

しかも気になるのは、若い人よりも50代のほうが、「半分以下になる」と思っている比率が高いということです。困ったことです。

「老後の生活費はだんだん減る」の嘘

「退職直後は旅行をしたい、時間ができるのでいろいろ活動したいと思うだろう。だから、お金は必要だが、それも10年続くかな。そのあとはそれほど活動的になるわけではないから、きっと生活費は少なくなっていくはずさ」

こんな指摘をされる方もいらっしゃるのではないでしょうか。

確かに希望的観測としては、だんだん減っていってほしい。また実際、交際費、食費や衣料費は減っていくと思います。しかし、着実に増えると懸念される費用がひとつあります。それは医療や介護の費用。勤労者3万人アンケートでも、「退職後の最大の支出」として60・9％（複数回答）が挙げているのが「医療費」なのです。

ちなみに、1人あたりの医療費総額をみると、55－59歳では年間26・0万円が、65－69歳では44・5万円、80－84歳になると89・1万円へと急増します。もちろん、大半が保険でカバーされるので、自己負担がそこまで大きくなるわけではありません。けれども将来の高齢化を考えると、いつまでも保険で賄《まかな》いきれるとはいかないでしょう。その分、いつかは自己負担が増える可能性も高いと覚悟したほうがいいと思います。

年齢を重ねるにつれて、そして高齢化率（全人口に占める65歳以上人口の比率）が高まるにつれて、最大支出項目である医療費が増えていくことになるので、食費や基礎生活費が減ったとしても、果たして生活費全体が減っていくか心配なところです。よくて横ばいと考えておいたほうが無難なのではないでしょうか。

図表3　夫の年齢階級別、世帯支出の平均額（夫婦世帯）

	全体の平均	うち世帯として厚生・共済年金を得ている世帯
60歳以上65歳未満	29.9万円	29.9万円
65歳以上70歳未満	29.5万円	29.6万円
70歳以上75歳未満	28.3万円	28.3万円
75歳以上80歳未満	26.6万円	27.1万円
80歳以上85歳未満	27.5万円	28.0万円
85歳以上90歳未満	28.8万円	29.1万円
90歳以上	25.8万円	26.6万円
平均	28.3万円	28.5万円

（出所）厚生労働省「老齢年金受給者実態調査　平成23年」

そこでみていただきたいのが、厚生労働省が発表している「老齢年金受給者実態調査　平成23年」です（図表3）。これによると、夫の年齢階級別の世帯平均支出は、なんと、いずれの年齢層でも月額20万円台後半となっています。

60代前半で29・9万円、90歳以上でも25・8万円で、平均として60代でも90代でもほとんど変わらないというのは驚きです。しかも、こうしたアンケート調査では、回答者は限られているものですから、もしかすると入院でもしてもっとお金のかかっている人ほど、アンケートに回答できていない可能性があります。だとすると、実際はもっとかかっているのかもしれません。

必要資金総額1億5000万円！

ここで再び、退職後の生活に必要な資金総額に話を戻しましょう。

①退職後の生活水準は、現役最後の頃の生活水準に大きく規定される。
②そのため、現役最後の年収との対比（これを欧米ではTarget Replacement Rates、目標代替率と呼ぶ）で退職後の生活費を考える。日本の場合には、68％を退職後の年間の必要総額として想定する。
③年間の必要総額は年齢を重ねても減らないと考える。
④退職直前の年収を平成24（２０１２）年の「民間給与実態統計調査」（国税庁）における50代後半男性の平均給与６１８万円と仮定する。
⑤退職後の生活を60歳から95歳までの35年間と想定する。

これらをもとに、退職後の必要総額が計算できることになります。具体的に計算してみると、退職後の必要資金総額は1億４７０８万円（＝６１８万円×68％×35年間）。かなり大きな金額になって、ちょっと目を回しそうな感じです。少なくとも普段の生活の中で1億円を超える金額を身近に感じることはありませんから、今ひとつその大きさが実感できませんよね。

でも、これが現実なのです。

もちろん、これをすべて自分で用意する必要はありません。心配だとはいっても、ある程度公

的年金がカバーしてくれるはずです。今度はそれを計算してみましょう。同じく計算の前提ですが、

⑥サラリーマンを想定して、厚生年金の受給額を平成26（２０１４）年度の標準世帯の年金額22万６９２５円を参考に、月額23万円と想定する。

⑦65歳支給開始として、95歳までの30年間をこの金額で受け取れることと想定する。

これで年金受給総額は、８２８０万円（＝23万円×12ヵ月×30年間）となります。もちろん、これまでみてきたとおり、この金額がこれからもずっと受け取れると考えるのはあまりにも楽観的に思えますが、ここではまず、この想定を前提にしてみます。

必要総額と年金受給総額の差額が自分で用意しなければならない金額、すなわち自助努力の金額ということになりますが、その金額は６４２８万円。アンケートの平均金額３０００万円弱の2倍以上が、自助努力で必要という計算になりました。

将来の年金受給額の減少が怖い

自助努力で用意する資金６４２８万円。果たして、ここまで必要でしょうか。数字で遊ぶつも

りはありませんが、退職後に退職直前年収の68％も必要としない生活ができるのであれば、自助努力の総額はもっと少なくて済みます。たとえば、68％ではなくて60％ならその金額は1億2978万円で、年金の分を差し引いた自助努力の金額は4698万円に下がります。もし、多くのサラリーマンが期待しているように50％の生活費で生活できるのであれば、総額は1億815万円で、自助努力は2535万円で済みます。

このあたりまで下がれば、中には退職金だけでなんとかカバーできるという人も出てくるかもしれません。でもその一方で、年金受給額が現状どおりに続かないと考えると、今度は必要額が増えることになります。たとえば、月額23万円が20万円まで減ったと仮定すれば、年金受給総額は7200万円で、68％の必要額だとすると7508万円が必要になります。

たいへんな金額になりました。たとえ50％の生活費だとしても、3615万円の自助努力が必要になります。

その年金額で本当に暮らせるか？

ところで、納付者を特定できない公的年金の納付記録が5000万件以上あったことが発覚し、「消えた年金」で大騒ぎとなった2007年当時、何度か不思議に思ったことがあります。それは、年金が2つの側面でしか語られておらず、最も肝心なところを避けているように思えてならない、ということでした。

「消えた年金」はまさしく手続きの問題で、結果として大きな影響を与えることになりますが、何はともあれ、手続きをしっかりすべきということでした。もう一方の議論は、年金財源の問題で、税金から一部負担するのか、消費税を財源にするのかといったものでした。

でも一番肝心なことは、「その年金で私たちが老後を暮らしていけるかどうか」ではないかと思います。「100年安心」は、制度が続くから「安心」なのではなくて、それで生活ができるから「安心」でなければならないはずです。どうもその肝心なところが議論から抜け落ちていたように思います。というよりは、もしかすると、生活できるかどうかという点で「安心」を謳《うた》うことができないから、あえて議論を避けていたのかもしれません。

いずれにしても多くの国民は、老後の生活費を年金で賄いきれるとは信じていないはずです。

さらにいえば、政府はここでこそ「将来の年金はみなさんの老後の生活を十分にカバーできません。そのため自分で準備することを忘れないでください」と発表する必要があると思いませんか？　米国でも、英国でも、そういった政府のある意味で正直な現状認識が、国民の資産形成を後押ししているのではないかと思えてなりません。

なんとなく知っているのではなく、明確に知らされていることが、国民が「事」を始める大きなきっかけになるものです。それが現在の若い人たちにとって本当にためになることだと思います。

老後難民予備軍、4割に達す

さて、老後に必要な金額に関して、アンケートの結果、必要額の算定など考え方を紹介してきました。実際には、勤労者はどれくらい老後資金を準備しているのでしょうか。これも2014年4月に実施した勤労者3万人アンケートを参考にみていきましょう（図表4）。同じ設問で2010年にもアンケートを実施しており、その内容は前著『老後難民　50代夫婦の生き残り術』にまとめていますので、これと比較してみていただくのもいいかと思います。

2014年における勤労者3万人アンケートでは、退職準備額の平均値は598・7万円でした。2010年の515・6万円と比べて大幅に増えているものの、依然として必要額と比較すると、その2割くらいにとどまっています。とても満足のいく水準ではありません。

しかし、それ以上に衝撃的なのは、グラフにあるとおり、44・8％の勤労者が**退職後の準備資金が「0円」**と回答していることです。2010年の時も4割が0円と回答していましたから、このままいけば、老後難民になりかねない予備軍がかなりの比率を占めることになります。

なかでも心配なのが、50代の**老後難民予備軍**の人たちです。50代男性の勤労者の32・1％が老

図表4　老後の生活資金として現在準備している資金

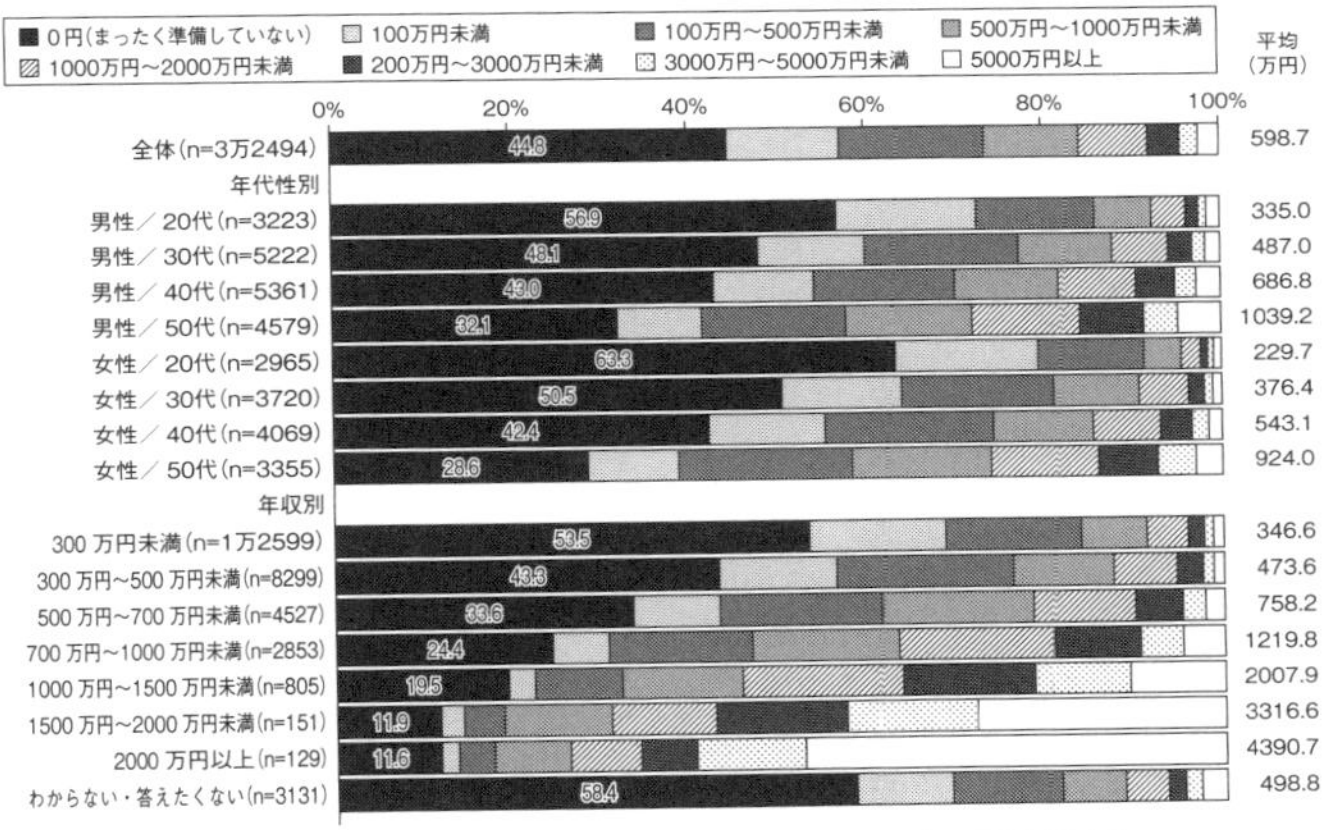

（出所）フィデリティ退職・投資教育研究所、勤労者3万人アンケート、2014年4月

後資金0円と回答しています。老後のための資産形成にそれほど時間が残されていない50代のうちの3割が、公的年金だけで老後に突き進もうとしているのはとても心配です。

老後資金のない50代は3割

いったい、50代で老後資産0円という人たちはどういった人たちなのでしょうか。詳細な分析は、その前年2013年4月のサラリーマン1万人アンケートで行っていますので、そこから紹介しましょう。アンケートに回答してくださった50代のサラリーマン（実際には公務員も含みます）3112人を、「老後のために現在保有している資産額」の大きさ別にグループ化しました。退職後の準備資金が0円だと回答した人は831人

(26・7%)。500万円未満が836人、500万円以上2000万円未満が959人、2000万円以上が486人で、それぞれ同じ項目でクロス分析を行ってみました。

結果は数字ばかり並んでしまいますので、その数字を比較して、平均よりも数値が大きく出ている項目を列挙する形で並べてみました。これが図表5です。これをみると、「老後難民予備軍」の特徴が少し浮かび上がってくるように思いませんか。

「老後難民予備軍」の特徴を、言葉をつなぎながらまとめてみることにしましょう。

「年収が500万円未満」の方が多く、退職後の生活は、「生活費不足」を心配して「ほそぼそ・質素」や「つらく・不安」なイメージを持っています。定年後の楽しみは「働くこと」で、できれば「70歳くらいまで」働き続けたいと考えています。

公的年金に関して「あまり理解できておらず」、そのためか公的年金に対して過度に「不安だ」と思っています。年金以外に退職後に必要となる生活費の総額は「必要ない」とか、「2000万円未満」で済むと考えているのですが、その背景には、退職したら生活費は退職前の「半分に満たない水準」で大丈夫だと考えていることがあり、かなり楽観的な感じがします。

2000万円の資金を準備するためには「退職金や企業年金の充実」が必要と考えており、また「遺産」がないかと期待している姿も見受けられます。その一方で、自身での資産形成の対応

図表5　老後資金額別の50代の特徴

	老後の資金として準備できている資産　（合計3112人）			
	0円 831人	500万円未満 836人	500万円－2000万円未満959人	2000万円以上 486人
年収	500万円未満	500万円未満	500万円－1500万円未満	700万円－2000万円未満 2000万円以上
保有資産額	100万円未満	500万円未満	500万円－3000万円未満	2000万円－5000万円未満 5000万円以上
最終学歴	中・高卒	中・高卒	短大・大学・大学院卒	短大・大学・大学院卒
退職後の生活イメージ	ほそぼそ・質素 つらく・不安	ほそぼそ・質素 つらく・不安	いきいき・はつらつ のんびり・マイペース 明るく・楽しい	いきいき・はつらつ のんびり・マイペース 明るく・楽しい
退職後の楽しみ	働き続ける 何をすればいいかわからない 特になし	働き続ける その他	旅行・レジャー 趣味や習い事 ボランティア 海外・田舎への移住	旅行・レジャー ボランティア 家族との時間を楽しむ 海外・田舎への移住
退職後の心配事	生活費不足 何をすればいいかわからない	生活費不足	介護、健康 社会とのつながりの希薄化 時間を持て余す	介護、健康 社会とのつながりの希薄化 何をすればいいかわからない 時間を持て余す
いつまで働きたいか	70歳くらいまで 体が続くまで できるだけ早く退職したい	65歳くらいまで 70歳くらいまで 体が続くまで	60歳くらいまで 65歳くらいまで	60歳くらいまで できるだけ早く退職したい
公的年金への理解度	あまり理解していない まったく理解していない	だいたい理解している あまり理解していない	よく理解している だいたい理解している	よく理解している だいたい理解している
公的年金の安心度	不安だ わからない	とても安心できる 不安だ	とても安心できる まあまあ安心できる あまり安心できない	とても安心できる まあまあ安心できる あまり安心できない
退職後の生活必要額	必要ない 2000万円未満 1億円以上	1000万円未満 1000万円－2000万円未満	2000万円－5000万円未満	3000万円－1億円未満 1億円以上
必要額を準備できるか	できないと思う	できないと思う	少し足りないくらいまで準備できる	準備できる 少し足りないくらいまで準備できる
退職前後の生活費の変化	3割未満 5割未満 わからない	3割未満 5割未満 退職前より増える	5割未満 7割未満 ほとんど変わらない	7割未満 ほとんど変わらない
退職後資産準備に必要な方法	退職金・企業年金の充実 遺産相続 その他	退職金・企業年金の充実 預貯金を使っての蓄え 遺産相続	預貯金を使っての蓄え 資産運用 不動産の取得	資産運用 不動産の取得 遺産相続
退職後資産形成の実施策	何もしていない	できる範囲の貯蓄 何もしていない	積極的資産運用 計画的な貯蓄 できる範囲の貯蓄	積極的資産運用 計画的な貯蓄
投資に対するイメージ	ギャンブル 損失 怖い	儲け リスク ギャンブル 損失	前向き 楽しい 儲け リスク	前向き 楽しい 儲け 明るい
投資をしているか	していない	していない	している	している

（出所）フィデリティ退職・投資教育研究所、サラリーマン1万人アンケート、2013年4月

策としては「何もしておらず」、「投資はギャンブル、損失、怖い」とのイメージが強く、もちろん「投資をしていません」。その結果、2000万円未満の金額でも退職後に必要な資金は「準備できない」との懸念は強いようです。

こう読んでいくと、かなりネガティブな連鎖が強く感じられるのは私だけでしょうか。

節約では追いつかない

ところで20代、30代のサラリーマンなら、退職後のための資産が0円というのはそれほど心配する必要はないと思います。今から準備を始めても、資産運用で最も力になるといわれる「時間」を味方につけることができますから。いや、20代で老後の生活のための資産がすでに何百万円もあるというのも、ある意味で心配ですから、これから少しずつ始めるというのが最もいいパターンなのでしょう。

「資産運用を検討すべきだということはわかっていても、その資金をどうやって捻出《ねんしゅつ》すればいいのか」と思う人も多いのではないでしょうか。そして、「まずは節約から始めるか！」と心に決める人も多いかもしれませんね。

でも私は、個人的には節約は大嫌いです。そもそも節約でどれくらいのお金が作り出せるのかわからないし、節約で楽しい生活が送れるとも思えません。

節約は、ほんの少し頑張っているうちなら楽しいでしょうが、資産形成の原資となるほどの金額を捻出することを念頭に置くと、簡単ではないと思います。それはかなり苦しいのでは？「収入があるのに使えない」状態だから、特に苦しいと思います。そして結局、「できる範囲で」という条件は「できなければ少なくてもいい」という理由づけにもなってしまいます。

だったら節約なんてやめましょう。

所得－投資＝消費

「節約」の代わりに、「資産形成の優先順位を上げる」ことを考えてはどうでしょう。すなわち、お金を使う前に強制的に投資（貯蓄）に回してしまうのです。ちょっと乱暴な言い方かもしれませんが、お給料から天引きして運用に回してしまえば、消費に使わないで済みます。

勤労者3万人アンケートでは、老後の資産形成のために「資産運用をしている」のはわずか7・7％、または「計画的な貯蓄をしている」と答えている人も13・8％にとどまりました。人間は楽なほうに流れてしまいがちです。行動経済学では、人間は先々のリスクを過小評価することで目先の利益に飛びついてしまうものだと指摘していますが、「老後の生活のリスクはまさしく先々のリスク」で、その存在はわかっているが「まあ何とかなるかも」とか、「今の生活のほうが大切なんだ」といった言葉で、そのリスクを後回しにしてしまっているのではないでしょうか。

そこで、そうした人間の感情が入り込まないように給与天引きで、ある種、強制的に投資（貯蓄）を始めるのです。

一般に経済学では、所得から消費を引いたものが貯蓄と認識されています。すなわち「所得－消費＝貯蓄」です。それを、消費よりも投資（貯蓄）の優先順位を上げることで、「所得－投資（貯蓄）＝消費」と位置付けてみてはどうでしょう。もちろん無理な金額を投資に回すわけにはいきませんが、その月の生活によって投資に回せる金額が大きく減ったり、なくなってしまったりするのでは、なかなか目標を達成できません。ここは「感情」を抑えて、「勘定」を優先させることにしませんか。

第2章　20～30代ＤＣ不足、40代トリレンマ、50代シングルズ

3つのセグメント

ところで、アンケートの平均値を使った議論はトレンドをみるうえでは有効ですが、多様化が進む社会の中では、特殊と思われがちなセグメントが意外に大きかったりするものです。そこでここでは、退職資産形成に関連する3つのセグメントを紹介しようと思います。

まずはDC（確定拠出年金）制度の活用不足です。資産準備に効果があることが加入者の特徴から明らかですが、その制度を20代、30代が活用しきれていません。

2つ目は40代のための警鐘ですが、子供の教育と自分の老後と親の介護が一度に襲いかかりそうな**「トリレンマ世代」**の紹介です（64ページ参照）。

そして3つ目は、今や50代の2割は独身という**「シングルズ」**（独身になる理由はさまざまなので、複数形のsをつけてシングルズです）の資産準備にかかわる課題をみていきます。

列挙してわかったのですが、3つの共通点は、セグメントの大きさがすでに全体の20％の規模になっているということです。「それ、自分のことかも」という人がいるかもしれませんね。

2013年に就職した私の娘も、確定拠出年金に加入しました。といっても、娘は当初、「これなんのこと」と、わけがわからなかったようです。新入社員研修の一環で説明会があったようですが、「寝ちゃった」ってペロッと舌を出す始末。でも、きっとそうでしょうね。制度の話を聞いているだけなら、眠くなるのもわからなくはありません。

相談に来たので、いや相談のＬＩＮＥが来たので、電話をかけて話しました。

「拠出額はいくらだ？」

「うーん、２０００～３０００円くらい」

「えっ、そんなに少ないのか？　そりゃ大変だな。どのファンドを買うのか？」

「まだやるかどうかわからない」

「おい、やらなかったらどうなる？」

「その分はお給料に上乗せしてくれるって」

「２０００～３０００円上乗せしてどうする。お昼ご飯２～３回でなくなっちゃうぞ。だったら最初からなかったものとして、確定拠出年金に回せ！」

「うーん、そうかな……」

ということで、無事に確定拠出年金に加入させることができました。

ＤＣを生かしきれない20～30代

確定拠出年金、勤労者の31・６％が知っているというこの自助努力型の年金は、退職準備を一歩進めてくれる有用な制度です。ＮＴＴグループやパナソニックといった超大型企業が導入することで、ここにきて注目されていますが、20代、30代にはまだあまり知られていないようです。こうした若い世代の人ほど老後の資産形成の必要性が高いのに、残念なところです。

確定拠出年金は、401kとか、DCとかの通称で呼ばれている私的年金で、サラリーマンの方にとっては年金の3階部分に相当するものです。図表6では他と時期を揃《そろ》えるためにちょっと古いデータを使っていますが、2013年3月末で439万人が加入していました。横並びでみれば、すでに公務員の共済年金と同数の加入者規模になっていることがわかります。この新しいタイプの年金に加入している人は、資産運用に比較的積極的であるという特徴を持っていますので、これをまとめてみることにします。

DCが2001年にスタートして10年以上がたちました。企業型のDCを採用している企業は2014年5月現在で、1万8617社にまで広がり、加入している従業員は497・1万人にまで達しています。サラリーマンの7人に1人くらいはDCに加入するまでになっています。そのほかに、自営業者の方でも加入できる個人型DCもあり、こちらは同じく2014年5月現在で18・8万人と少ないのですが、合わせると516万人になります。

図表6　公的年金制度の体系

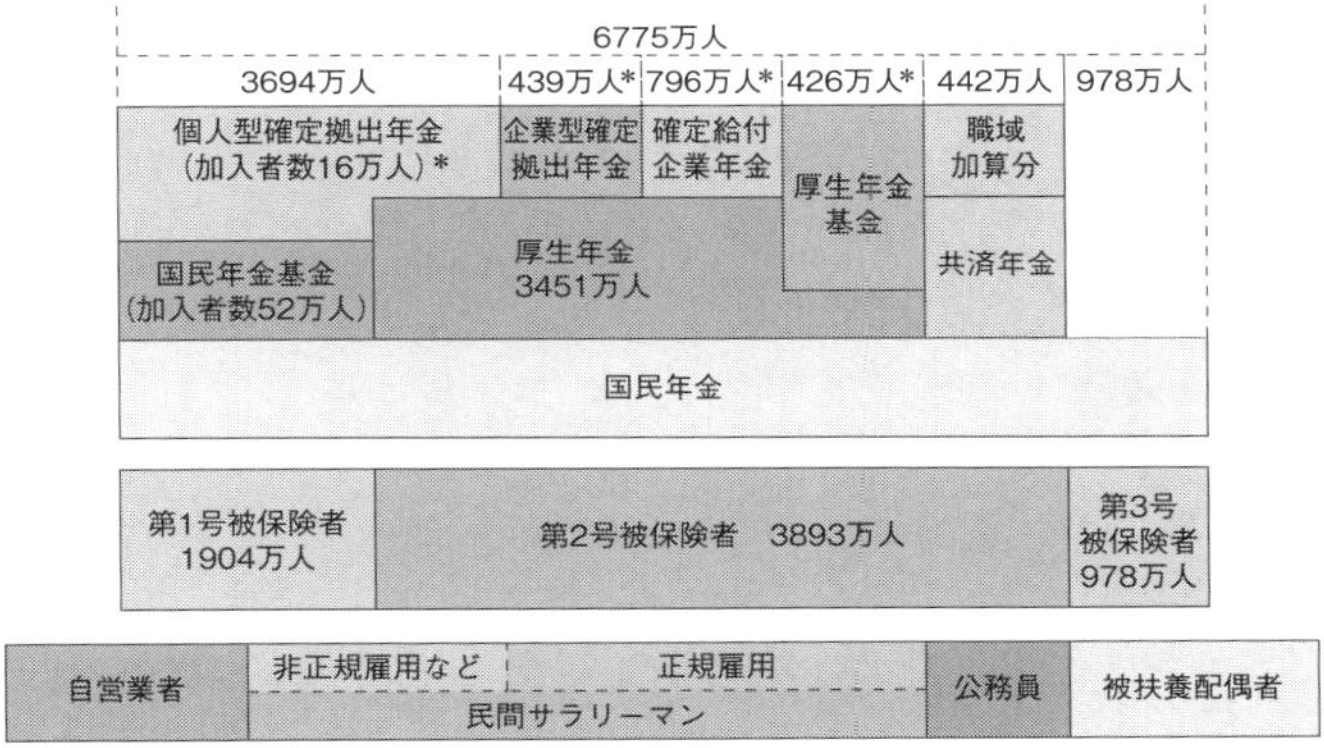

（注）＊は平成25年3月末時点、それ以外は平成24年3月末時点。
（出所）厚生労働省「第1回社会保障審議会企業年金部会　平成25年10月29日付資料3」にフィデリティ退職・投資教育研究所が加筆修正

DCは数少ない自助努力型年金

サラリーマンにとってDCは、国民年金、厚生年金に次ぐ、年金制度の3階部分にあたります。「私的年金」と呼ばれる3階部分は、大きく分けると確定給付型と確定拠出型の2つです。年金には拠出と給付がつきものですが、前者は給付、すなわち受け取れる年金の金額があらかじめ決まっている方式で、後者は拠出、すなわち毎月の拠出金額が決まっている方式といえばわかりやすいかもしれませんね。

また前者は、受け取る時点まで会社がその資産に責任を持ちますが、後者は拠出時点からその口座が従業員個人の資産として運用・管理されます。

確定給付年金は企業がすべてを管理し、支払金額があらかじめ決められたルールに従って給付されるものですから、国民年金や厚生年金にきわめて近い考え方の年金制度です。約束した年金をちゃんと支払ってくれるのであれば、その途中の状況がどうであろうとあまり気にすることもないかもしれません。ただ、責任を持って年金の給付を行ってくれるはずの会社の経営が厳しくなった時には、思わぬ弊害も起きかねません。

たとえば、年金の運用環境が悪くなっても給付を従来どおりにしようとすると、会社がそれを負担することになります。これは、会社の業績に影響を与えることになります。巡り巡って従業員のボーナスや給料の水準にも影響してきます。それに、会社が倒産したり、業績悪化となったりすれば、大幅な年金の見直しが避けられず、すでに受給している世代の年金受給額さえ減額せざるを得ないといった事態もあり得るのです。

それに会社を辞めることになると、勤めていた企業が運用している年金制度は、あなたにとってそこで切れてしまうことになります。若い世代の方にとって転職は当たり前のことになってきているように思われますから、この点も気になるところです。

DCは毎月決まった拠出額を自分の口座で、自分の裁量で運用することになりますから、企業の業績に影響を与えませんし、万一会社が倒産しても自分の年金口座は守られます。また、転職しても次の会社に同じDC制度があれば、原則、年金資産を移管できる制度設計になっています。まさしく自己責任、自助努力の年金といえます。

ＤＣ加入者は老後準備が進んでる

２０１４年に実施した勤労者3万人アンケートでは、１万８９２３人の正規雇用会社員のうち、「企業型のＤＣ制度に加入している」と回答した人は４２０２人いました。会社員全体の22・２％とかなりの比率になっていることがわかります。その人たちを加入していない人（加入していない人と、「わからない」と回答した人の合計）と比べることで、加入者の特徴をみつけていきたいと思います。

ＤＣに加入している読者の方は、「自分はどうなのか」と比べてみてください。もちろん加入されていない方は、加入するメリットを考えていただければ幸いです。実は、ＤＣに加入していなくてもＤＣを知っているだけで、知らない人と比べると資産形成に前向きなのです。さらに、もしかすると自分は加入できないと思っていても、個人型のＤＣに加入することができる方もいるはずです。今一度、調べてみる価値はあります。

さて、結論からいえば、ＤＣ加入者（企業型）の退職後の生活準備への取り組みはかなり前向きであるといえます。これは、ＤＣ制度導入に伴う投資教育によるところが大きいのではないかと思います。ＤＣの投資教育は不十分だと多くの方が指摘されるのですが、けっしてそうではないと思います。それぞれ簡単にポイントを紹介しましょう。

第1は、企業型ＤＣに加入している人のほうが退職後の生活に明るいイメージを持っていることです。退職後の生活に対するイメージを聞いた設問をＤＣ加入者と非加入者で比較分析すると、ＤＣ加入者のほうがどの年収層でも退職後の生活に明るいイメージを持っていることがわかります。また生活実感としても、ＤＣ加入者のほうが自身の退職後の生活に関して「良い生活が送れる」との見方を持っていることもわかっています。

第2は、退職に向けた資金準備額が6割程度多いという事実です。「退職後に公的年金以外に必要となる資産額」は、ＤＣ加入者の３３９７・３万円に対し非加入者は３０１７・７万円と13％ほどの差ですが、「準備額」でみると、ＤＣ加入者が９２２・４万円、非加入者が５６９・３万円と、６割もの差が出ています。もちろん、まだ必要額には程遠いのですが、準備が進んでいることがはっきりと表れています。

第3は、所得の低い人ほどＤＣ加入の効果が大きいということです。ＤＣ制度が大企業中心に導入が進んでいることから、ＤＣ加入者は相対的に年収が高く、退職後の生活準備ができていると考えることもできます。そこで「準備額」の平均値を年収別にも算出してみましたが、いずれの年収帯でも、ＤＣ加入者のほうが準備額が多くなっています。特に「低所得層ほどＤＣ加入者の準備額が非加入者のそれを大きく上回っている」ことは注目できます。すなわち、退職後の生活準備額という点では、低所得層ほどＤＣ加入に伴う投資教育の効果が大きいといえるわけです。20代、30代にとっては、今からＤＣに加入する意味があります。

第４は、ＤＣ加入者には投資をする人も多いことです。老後の資産形成以外にも投資の目的はありますが、そうしたすべてのものを含めて、「現在投資を行っているか」を聞いたところ、ＤＣ加入者のうち、投資を行っている人は44・８％に達し、非加入者の26・８％を大きく上回りました。ＤＣ加入者では約２人に１人が投資家です。

ＦＸに流れがちな若年層の投資

20～30代は、資産形成を始めるのに最もいい年代なのですが、実際にはあまりうまくいっていません。第３章で説明するステップアップ投資でも30代からのスタートを前提にしていますが、実際、20代、30代にアンケートをしてみると、退職後のための資産形成というにはなかなか程遠い状況が窺《うかが》い知れます（図表７）。

実は、20代男性の25・６％が「投資をしている」と回答しています。この比率は、50代男性の36・７％ほどではありませんが、意外に多くの若者が投資をしていることがわかります。しかし、同じアンケートで「退職後の資産形成として行っていること」を「資産運用」「計画的貯

図表7　勤労者アンケートにみる投資と退職後の資産形成の違い

	投資をしている	退職後の資産形成として行っていること			
		資産運用	計画的貯蓄	できる範囲での貯蓄	何もしていない
20代男性（3323人）	25.6%	8.9%	15.4%	25.6%	50.0%
20代女性（2965人）	9.5%	3.2%	13.0%	26.0%	57.9%
30代男性（5222人）	36.4%	11.7%	16.3%	27.8%	44.2%
30代女性（3720人）	16.4%	4.2%	14.1%	30.2%	51.5%
全体（3万2494人）	27.3%	7.7%	13.8%	29.4%	49.1%

（出所）フィデリティ退職・投資教育研究所、勤労者3万人アンケート、2014年4月

蓄」「できる範囲での貯蓄」そして「何もしていない」の４つから選んでもらうと、資産運用を挙げた20代は、男性で８・９％、女性で３・２％。30代でも男性11・７％、女性４・２％とわずかでした。

この差は何を意味しているのでしょうか。若年層が投資に対して躊躇《ちゅうちょ》しているというわけではないものの、長期的視野に立って資産運用を行っているわけではない、ということなのです。事実、投資を行っている８８６８人に投資対象を聞くと、20代、30代の男性で比率が非常に高いのが外国為替証拠金取引（ＦＸ）で、それぞれ22・６％、22・２％が挙げています。ひと儲《もう》け、小遣い稼ぎといったことが目的になっています。

非課税制度を使った資産形成を

そこで考えてほしいのが、非課税制度を使った有

効な資産形成です。あとで詳しく紹介する少額投資非課税制度、NISAもそうですが、それ以外にも、非課税で資産形成ができる方法が意外にたくさん用意されています。まずは、どんな非課税制度があるのかみてください。

特に注目してほしいのは企業型DC、個人型DC、そして国民年金基金です。この3制度は、運用による収益が全額非課税であるだけでなく、拠出額も所得控除になる点です。収益がもたらされるのは少し先になるかもしれませんが、拠出した金額はそれがすべて所得税の対象となる所得から控除されるのですから、月額5万円、年間60万円を拠出した人であれば、年間の課税所得から60万円を控除できます。税率20%であれば、拠出しただけで12万円の税金（=60万円×20%）が少なくて済むわけです。

見方を変えると、60万円を投資したその段階ですでに20%分の収益があったのと同じことだとみることもできます。この制度はできるだけ使ったほうがいいですよね。

もっと使えるはずのDC制度

その割にあまり使われていないのが、DC制度なのです。前述のとおり、2014年5月現在の企業型DC加入者数は497・1万人です。厚生年金加入者3472万人（2013年3月末）の14・3%にとどまっています。また、自営業者などが加入できる個人型DCでは、加入者数はわずか19万人弱にすぎません。せっかくの制度ですから、もっと有効に使って老後の資産形成を有利に進めてくれるといいのですが。

加入者数だけではなくて、加入者の拠出金額もまだまだ不足しています。現状でＤＣの拠出額は毎月平均で1万円強と推定されています。月額の非課税の上限は５・５万円（２０１４年10月より）ですから、とても残念な水準です。１０７ページのステップアップ投資、また82ページの逆算の資産準備のところで改めて詳しく説明しますが、毎月の積立投資額は少なくとも月額３万円、できればもう少し多く、年代が上がればさらに増やす努力（30代なら月額４万円、40代なら月額５万円、50代なら月額６万円）をしてほしいものです。

もちろん、給与水準をもとに企業が拠出額を決めているという足かせもあって、給料自体が少ない若年層では十分な拠出額を制度として出せないという面もあります。

２０１２年からは、企業が拠出する金額に上乗せして従業員も拠出できるマッチング拠出という制度も認められるようになりました。実際にマッチング拠出制度を導入する企業も増えていますが、それでも個人の意識の低さ、企業拠出金額と同額までしか積み増せない制度面での制約などから、現状では十分な自助努力の源泉とはなっていないのが実情です。これも残念なかぎりです。

図表8　確定拠出年金の拠出額の平均値

	2009年3月末	2010年3月末	2011年3月末	2012年3月末	2013年3月末
1人あたり資産額	1,166,493円	1,293,712円	1,316,814円	1,387,137円	1,500,899円
1人あたり掛け金額（年額）	127,553円	124,656円	124,993円	127,055円	126,847円
1人あたりマッチング拠出額（月額）	—	—	—	10,954円	6,734円

（注）1人あたり資産額は、加入者および運用指図者が対象。1人あたり掛け金額は期末と期初の平均加入者数で除して求めた数値。マッチング拠出は2012年1月より開始されたため、それ以前のデータはない。1人あたりのマッチング拠出額は、3月末の加入者掛け金拠出者人数で除して求めた数値。

（出所）運営管理機関連絡協議会「確定拠出年金統計資料　2002年3月末～2013年3月末」

月額1万円の拠出では足りない

ちなみに、月額1万円の拠出金額だと年間で12万円、10年積み立てても拠出総額は120万円、30年でも360万円で、運用収益が見込めるとしても、とても老後資金に十分な資金量とはいえません。

ところで、2014年は5年に1度の年金財政検証の年にあたるため、拠出上限の引き上げが実施されます。しかし、金額は月額4000円の引き上げにとどまり、月額上限は5・5万円です。しかも、これは企業型のDCだけが対象で、今回は個人型の拠出限度額の引き上げは見送られています。また、この上限の引き上げが実施されても、企業の給与を前提にした拠出額算定ルールが大きく変わらなければ、あるいはマッチング拠出の上限を撤廃しなければ、なかなか実質的な拠出額の増加は見込みにくいところです。

「トリレンマ世代」の急増

２０１４年４月に行った勤労者３万人アンケートは、まだ十分な分析ができていないのですが、その中で子供の数についても聞いています。選択肢は「１人」「２人」「３人以上」「今はいないが将来持つ予定」、そして「今はいないが将来も持つ予定なし」の５つです。わが家は子供３人ですが、読者のみなさんはどれに該当しますか？

アンケートの結果は、ちょっと驚愕《きょうがく》でした。「今はいないが将来も持つ予定なし」と回答した人が41・９％と最も多かったのです。まあ、数年して気持ちが変わってくれればいいのですが、このままでは本当に少子化は止められないかもしれません。合計特殊出生率が若干上昇したとはいえ、とても人口減少に歯止めがかかる状況ではないのですから。

子供は将来も持つ予定なしと思わせている背景には、経済的な不安があるのでしょうか。今の生活でもたいへんなのに、子供を持ったら教育費の負担は重く、仕事にも制約が出てしまう、といったことがあるのかもしれません。

私自身を振り返ると、「なんとかなるさ」くらいにしか考えていませんでした。実際、子供が生まれたあと、勤めていた会社が自主廃業し、外資系に転職しましたが、そんな大きな身辺の変化があるとは当時は予想もしていませんでした。でも、20代で長女が生まれ、「子供のために」

と頑張ってきたともいえますし、むしろ子供がいたからこそ頑張り続けることができたともいえます。

子供を持つなら早いほうがいい、とも思っています。自分が退職する前に子供の教育が終わる程度にはしておきたいところだからです。しかし、ある程度収入が見込めるようになってから子供を持ちたいと、遅くに子供を持つつもりなら、退職後にも教育費がかかるかもしれないことを念頭に置いてほしいところです。

新生児の25％は母親が35歳以上

40代のみなさんにとっては、そろそろ気になるのが子供の教育費ではないでしょうか。子供の教育費は上をみればきりがありませんから、いくらお金があっても足りないだろうと思います。それで最近は、「子供を作らない」という人たちも多くいるようですし、またある程度生活が安定してから子供を持つという家庭も多くなっているようです。

みなさんのまわりで「いやー、この子が二十歳《はたち》の時に俺、もう定年だよ！」とか「この子が二十歳の時に主人は60歳なの」といった話を聞いたことはありませんか？　自分が定年を迎える時になってもまだ子供の教育費がかかると自覚していることで、こういった言葉が出てくるのだろうと思います。生活の安定を待ってから子供を持とうとすると、ある程度の年齢になってからに

図表9　新生児の母親が35歳以上の比率

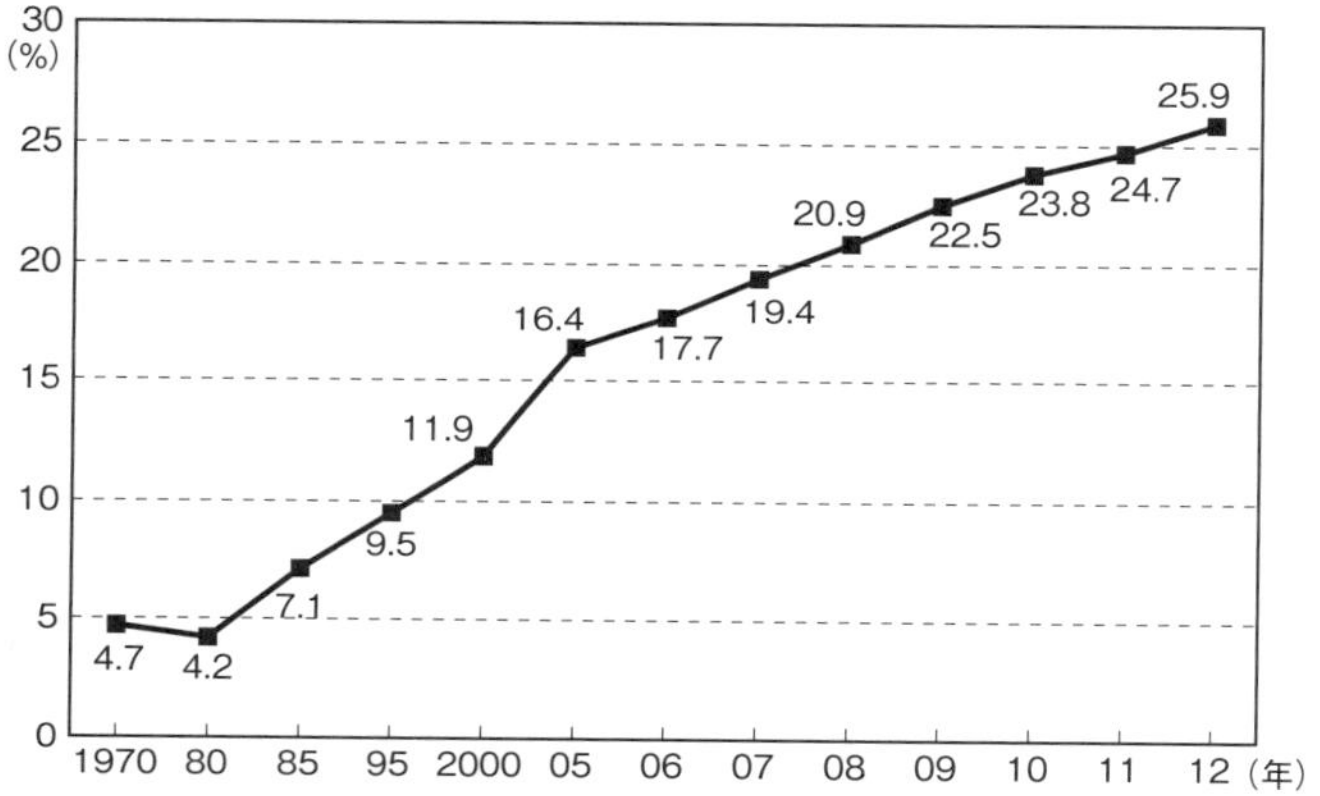

（出所）厚生労働省、人口動態統計「母の年齢別にみた出生数」よりフィデリティ退職・投資教育研究所作成

なるでしょうから、40歳前後での出産も意外に多いのが現状なのです。

急速に進む少子高齢化の背景として、晩婚化による出産年齢の上昇、晩産化がよく指摘されています。しかし、実際のデータを平均値でみると、晩産化をそれほど強く示すデータとはなっていません。たとえば、母親の平均出産年齢（第１子、第２子関係なく）は１９８５年の26・７歳から２０１２年には30・３歳と、過去27年で３歳程度上昇しているにすぎません。

しかし、新生児のうち母親が35歳以上だった比率をみると、１９８５年には７・１％だったのが、２０１２年には25・９％へと大幅に上昇しているのです。これは、平均ではみつけにくい、ばらつきの問題なのです。

教育、退職、介護で身動きできず

こうした世帯の課題を、ちょっと具体的な家族を想像しながら考えてみましょう。たとえば、妻A子さんは38歳で２人目の子供を出産しました。ご主人のＢさんは２歳年上の40歳です。ちなみに、２０１２年の平均初婚年齢は夫30・８歳、妻29・２歳なので、１・６歳の差がありますが、これをそのままこのご夫婦の年齢差にしてみました。ちょうど２人目の子供を結婚10年目に授かったことになります。なお、１人目の子供は現在４歳だとしましょう。

Ｂさんが60歳で定年になる時に、この２人目のお子さんはまだ20歳。大学２年生か、３年生。４年制大学でもあと1～2年、修士課程まで行くと考えると、あと３～４年は授業料がかかることになります。自分が定年退職の時に、最もお金のかかる大学就学中になるわけですから、子供の教育費と自分の退職後の生活費が一度にのしかかってきてしまいます。

問題はそれだけにとどまりません。このご夫婦の親の世代は、１９７０年代の平均出産年齢27～29歳から逆算すると現在60代後半ですから、孫が20歳になる頃には80歳後半となっています。いわゆる介護適齢期といっていいでしょう。とすると、Ａさん、Ｂさん夫婦の20年後は、子供の教育費と自分の退職、そして親の介護が同時に必要となる懸念のある世帯といえます。３つの選択肢の前でうろたえる「トリレンマ世代」ということができます。

トリレンマ（Trilemma）世代とは

フィデリティ退職・投資教育研究所が命名。ジレンマ（Dilemma）が2つの選択肢／前提がともに受け入れられない状況を指すのに対して、トリレンマは一度に解決できない3つの選択肢／前提を抱える状態を指す。ここでは、トリレンマ世代を子供の教育、自分の退職、親の介護と3つの課題に一度に直面し、すべてを解決できない可能性を抱えた世代として定義している。

従来、海外では現役世代のうちに子供の教育費と親の介護の負担に挟《はさ》まれた世代を「サンドイッチ世代」と称して、その2つの負担が同時にのしかかることを懸念していました。今、アジアでも同様の指摘が出ています。しかし、今後の日本では、それに自分の退職も重なる「トリレンマ世代」へとさらに負担を増して襲いかかってくる懸念があります。

ちなみに、母親が35歳以上の新生児が毎年26万人ほど生まれています。すなわち、毎年「トリレンマ世代」となり得る世帯が26万世帯生まれているわけで、10年もすると200万世帯を大きく超える潜在的な「トリレンマ世代」が存在することになります。けっして少ない世帯数ではありませんから、しっかりと対策を考えておく必要があります。

もちろん、子供の教育、自分の定年、親の介護といったことはどの時代でも、どこの国でも起きることです。ただ、トリレンマ世代の問題は、それらが一気に一時期に集中して押し寄せてくることにあります。それぞれひとつだけでも大きな資金負担でたいへんなのに、それが一気に来るとしたら、１＋１＋１＝３ではなく、４にも５にもなってくるのではないでしょうか。

税制支援も求められる教育費

トリレンマ世代のための資金対策は、と考えても、「ウルトラＣ」の方法はありません。できるのは、そうした事態を認識して、早目に手を打つことだけでしょう。

まず子供の教育費ですが、これまで多くの家庭では、小学校から大学までの15〜16年間の学費は塾代など学校教育費以外も含めて親が負担していました。多くの人はそれを当然と思うかもしれませんが、そこから少し視点を変えるべき時代に来ているのではないでしょうか。すべて親が負担するのではなく、子供自身が少しでも負担できるように、意識だけでなく、そうした制度を作っていく努力も必要なのではないでしょうか。

たとえば奨学金や教育ローンなどを活用し、子供自身が自分の教育費の一部を負担することも考えていくことが大切です。就職後に子供自身が返済をすることで、親の世代の負担を軽減する対策です。米国などでは自分の学費は自分で稼ぐといった考え方が浸透していますから、日本でもそうした自立した子供が育つことは評価できると思います。

教育資産形成支援策の導入も

また、親が子供の教育資金を積み立てるための税制上の支援も求められます。２０１３年４月から、祖父母による孫世代への教育費負担が１５００万円まで非課税となる制度が２０１５年末までの期間限定でスタートしました。思った以上に人気です。ただ、英国には「Junior ISA（ジュニアＩＳＡ）」といった子供のための非課税投資制度が、米国には「529 Plan（５２９プラン）」といった教育費専用の税制優遇制度があります。こうした教育資金の積み立てに対する税制優遇などを日本に導入するのもいい方法でしょう。

今後、政府としてもトリレンマ世代に対する負担軽減のための措置を考えざるを得なくなるでしょう。少子化対策として大きな期待をかける分野ともいえます。制度を利用し、子供の教育資金を早い段階から準備することができれば、月々の投資（貯蓄）は少なくとも、時間をかけて必要な金額を用意することが可能になってきます。

祖父母世代も自助努力が必要

もちろん祖父母の世代は、自分の介護費用を自分で用意する自助努力が求められます。孫が生まれた60代からでも遅くはありません。祖父母の世代は、子育て中の親たちの世代に極力介護負担をかけないようにするために、その時点からでも資金面でできるかぎりの準備を行うべきでしょう。

現状の年金制度は、現在の60代にはまだまだ手厚いほうです。しかし、子育て中の親たちが年金を受ける時期まではまだ30年くらいあるはずです。その間にも負担増、給付減の方向に進みそうですから、今のうちからそうした状況になっても何とかなるだけの資産基盤を厚くしておくことが求められます。

なるべく介護を受けないで済むように健康年齢を長く保つ努力をすること、万一介護が必要になっても子供の世代に負担をかけないように資産を増やす努力をすること、少しでも生活費の安い地域での生活を考えることなど、自助努力をできるだけ積み重ねることが大切になります。

男性の２割が一生結婚できない!?

２０１２年に、男性の生涯未婚率が２割を超えたというニュースが話題になり、驚いた記憶があります。読者の中にもご記憶の方が多いのではないでしょうか。「男の２割が一生結婚できないのか」と妙な落胆を覚えたのですが、実態をみていくと必ずしも表層的なものでもなく、また男性の問題だけでもないことがわかってきました。

そこで、ちょっと一緒に「男性生涯未婚率20％突破！」の裏側をみていきましょう。

女性も50代で2割がシングルズ

国立社会保障・人口問題研究所「人口統計資料集2012年版」によると、2010年の生涯未婚率は男性で20・14％、女性で10・61％と、初めてそれぞれ20％台、10％台に乗りました(図表10)。ここで、まず生涯未婚率というのはどんな数値なのかを理解しておきましょう。45－49歳の未婚率と50－54歳の未婚率の平均値をとって、50歳時点での「それまでに一度も結婚をしていない人の比率＝未婚率」を算出します。そしてこれをもって「生涯結婚しない人の比率」としているのです。

ちょっとお節介《せっかい》な表現のように思えませんか。50歳で未婚ならその後も結婚しないのか、というと必ずしもそうとはいえません。昔ならともかく、今は50歳を過ぎて結婚される方もいっぱいいます。ちなみに、2012年の男性の婚姻件数は全体で55・3万件でしたが、50歳以上の婚姻件数は再婚も含めて2万5514件、4・6％ありました。

この生涯未婚率という言葉の醸《かも》し出すさみしさみたいなものを議論することはさておき、このデータが教えてくれているのは、「50代で一人で生活する」人が思った以上に多い、ということです。

さらに詳しくみていきましょう。2010年における配偶関係別の人口数によると、50代男性

図表10　生涯未婚率の推移

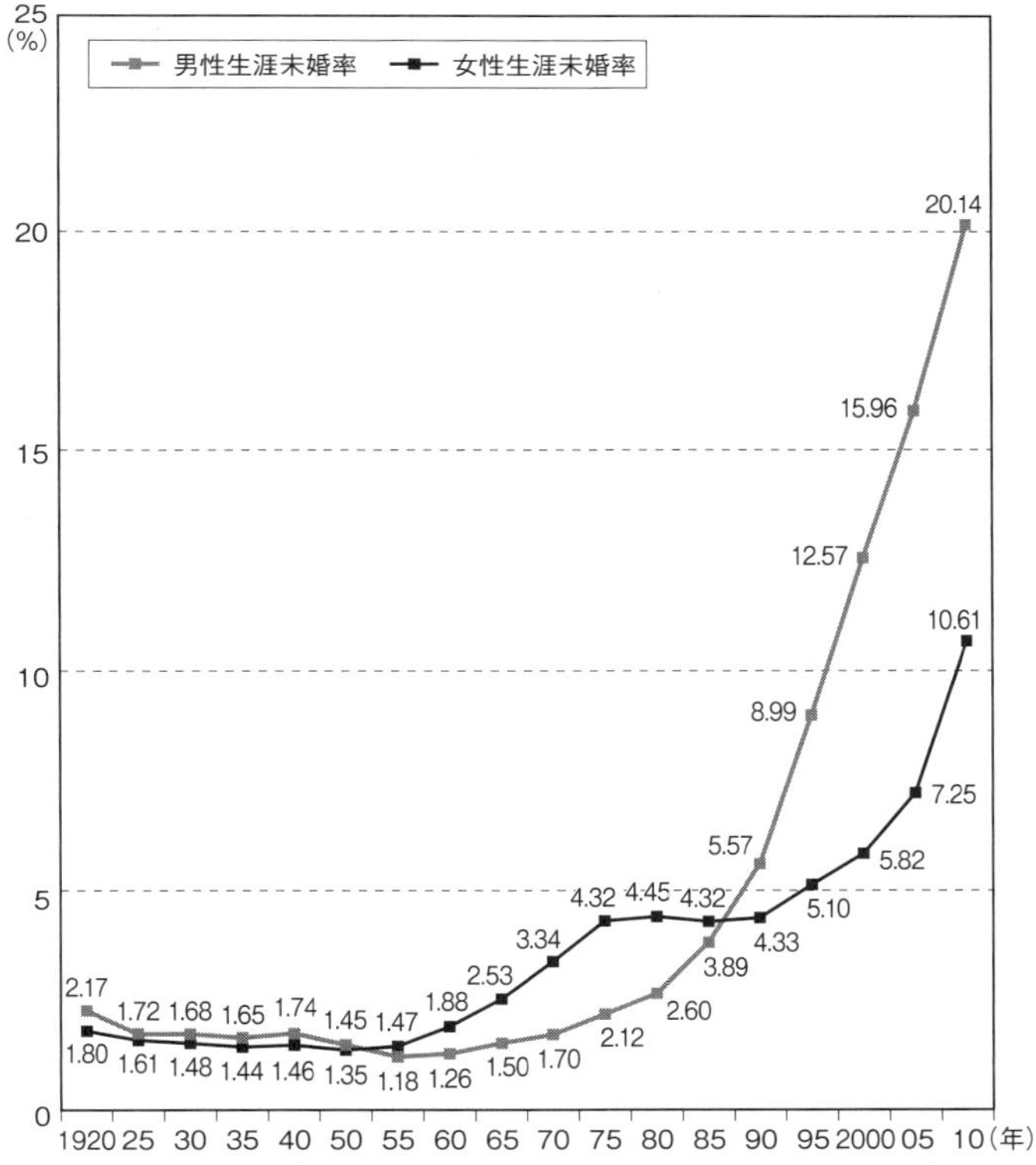

（出所）国立社会保障・人口問題研究所「人口統計資料集2012年版」よりフィデリティ退職・投資教育研究所作成

の未婚者数は128・7万人、50代女性の未婚者数は61・0万人となっています。しかし、未婚者に離別と死別を加えた、いわゆる単独世帯の人数は、50代で男性189・3万人、世代全体の23・4％、女性169・9万人、同20・7％です。

女性のほうが相対的に死別者、離別者が多いために、男性でも女性でも、50代での単独世帯は全体の20％強となっていることがわかります。

単独世帯といっても、未婚、死別、離別と理由がまちまちですから、あえて英語で複数系を使ってこうした人々を「シングルズ」と命名しました。「50代シングルズ」とは、未婚なのか、離婚・死別なのかは問わず、50代で、独り身で過ごしている人たちを示す言葉と思ってください。

ちなみに、2013年に実施したサラリーマン1万人アンケートでも、総回答者1万1507人のうち、50代は3112人で、うち男性シングルズは341人、女性シングルズは453人いました。男女合計で50代全体の25・5％に達しています。

アンケートでも2割以上のシングルズがいることがわかったわけで、このデータを使って、50代シングルズの退職準備を深掘りしてみることにしましょう。

明るくない50代男性シングルズ

50代の男性シングルズを特徴づけているのが、退職後の生活は「明るくないぞ」という危機感です。

退職後の生活イメージを聞いてみると、既婚の男性と比べて50代男性シングルズは「いきいき・はつらつ」「のんびり・マイペース」「明るく・楽しい」の比率が低く、「ほそぼそ・質素」「つらく・不安」の比率が高いことがわかりました。

この危機感はどこから来るかというと、単に資金の問題だけではないように思われます。というのも、退職後の楽しみなこととして「趣味や習い事」を選んだ人が、50代男性シングルズの中では29・9％と最も高いのです。50代既婚男性では18・6％ですから10ポイント以上、50代女性シングルズの23・4％と比べても5ポイント以上高いのです。さらに、50代男性シングルズの28・7％が「旅行・レジャー」を選んでいるのですが、それよりも「趣味や習い事」は高い比率なのです。

少し心情を推《お》し量《はか》れば、こうした回答も理解できそうです。男性にとっては、退職後は本当に一人になることがプレッシャーなのでしょう。仕事をしているうちは、一人で生活していてもなんとか会社の人間関係でつながっており、一日を暮らすことはできるかもしれません。しかし、退職して仕事の人間関係がなくなるとなったら、「趣味や習い事」で人とのつながりを求めざるを得ないのでしょう。

日本株頼みの50代男性シングルズ

50代男性シングルズは人間関係を持ち続けることが大切だと考えているのですが、趣味も習い事もお金が必要なものですし、老後を一人で過ごすとなれば「頼れるものはお金だけ」と考えてもおかしくありません。だからこそ、50代男性シングルズはお金に対して積極的です。

退職後の生活に年金以外に必要な金額は、平均で３５５３万円と最も大きな金額を提示しています。また、現在準備できている退職後の資金も１２０２万円と、50代男性シングルズは、年齢別、性別、既婚・シングルズの分類の中でトップの金額です。そのため老後の資産運用に関しても積極的です。

50代男性シングルズの38・０％が投資を行っていますが、50代の既婚男性も38・７％ですから、それほど特徴的ではありません。しかし、退職後資産の形成のために資産運用をしている人の比率は、50代男性シングルズで32・６％と、既婚の50代男性の24・２％とは大きな差が出ています。50代男性シングルズは、既婚者よりも老後の資金を心配し、その資金確保を資産運用で図らなければならないと考えている傾向が強いようです。

これはなにも50代だけではなく、30代、40代でも、シングルズは老後資金確保のために投資を行うという傾向がはっきり出ており、大きな特徴といえそうです。一人で迎える老後にはお金が大切、ということを実感しているようです。

ところで、こうしたシングルズの投資対象には、圧倒的に日本株が多いことも特徴です。40代男性シングルズで77・０％が、50代男性シングルズでは80・３％が日本株を投資対象として保有していました。50代男性シングルズでは、次に多かったのが日本株に投資する投資信託で、この2つが投資対象としては大きな特徴となっています。日経平均株価が上昇することは男性シングルズの将来設計には非常に大きな力になるということでしょうか。

50代女性シングルズの準備不足

一方で男性に比べて女性はたいへん厳しい状況です。50代女性シングルズの平均年収は３７２・８万円で、50代男性シングルズの3分の2の水準にとどまっていることが厳しさの元凶のひとつでしょう。一人での老後を懸念して退職後の生活用として確保している資産の平均値は９３８万円と意外に多いのですが、71・５％の50代女性シングルズが、必要額２９１２万円は準備できないとあきらめています。

中でも、特に大きな問題になりかねないと心配しているのは、現在１７０万人に達する50代女性シングルズの3分の2が、離婚・死別によってシングルズになっていることです。当初から結婚しないで生活を続けると決めていれば老後準備もそれなりにできるでしょうが、そうした準備もなく突然にシングルズになった場合には、十分な準備がないままに老後を迎えることになるのではないでしょうか。まるで断崖のような鋭角に状況が変わったシングルズ、いわば〝断崖シングルズ〟はかなり危険な気がします。

このアンケートは、働く女性を対象にしています。もともと結婚をしないで働き続けてきたという回答者は、その覚悟のもとに退職後の生活の準備を進めることができたのかもしれません。しかし、途中で離婚や死別でシングルズになった50代女性がそれをきっかけに働き始めたのであれば、けっして十分な老後の準備ができているとはいえないでしょう。

年金さえ十分だとは考えにくく、手元に老後のための資産がなければ、かなりたいへんな事態なのではないでしょうか。特に、先述のとおり年収は４００万円未満の状況なのですから。

資金もノウハウも欠けた女性たち

50代女性シングルズの最大の弱点は、退職後の生活が描けておらず、しかもそのための資金を作り出すノウハウにも欠けていることです。

シングルズの女性は、年齢を問わず、退職前後で生活費の水準がどう変化するかを聞いた設問で、「わからない」と回答する比率が高いのです。女性シングルズの「わからない」と答えた方の比率は全体で30・8％と、男性シングルズ25・8％、既婚男性17・8％、既婚女性21・6％と比べて非常に高い数値です。また、老後のための資産形成として資産運用を行っているのはわずか6・2％にすぎず、代わりに預貯金での蓄《たくわ》えが過半数を占めています。

また、投資の原則、「長期投資」「分散投資」「時間分散」の3つとも理解度が低い水準にとどまっていることなどから、最も投資教育が必要なのが女性シングルズだと考えられます。

50代女性シングルズに総じていえることは、安全を重視してのことでしょうが、「現金預金で老後に備える」というスタイルをとっている、ということです。しかし、もともと相対的に年収が少ないのが50代シングルズの特徴になっていますので、その年収水準で十分な退職後の準備ができるとは考えにくいところです。事実、自身でも老後の準備ができるとは考えていない点も、なんとも悲しいところです。

第3章　老後難民なんか怖くない

――3つのステージで考える逆算の資産準備

韓国・台湾も老後難民に注目!

さて、ここで再び「老後難民」に話を戻しましょう。この言葉、実は韓国や台湾の方でもわかる用語なのです。漢字が理解できる民族で、しかもこの4文字ともそのまま意味が通じるからのようです。もちろん、読み方は若干違っているようですが。

韓国、台湾はシンガポールと合わせて「超高齢社会・日本」に熱い視線を送っています。2012年、2013年と韓国のテレビ局が「老後難民」というテーマでわざわざインタビューに来てくれたりもしました。

その背景には、この3つの国と地域は高齢化のスピードが世界で上位を占める速さだということがあります。65歳以上の人口比率でみる高齢化率は、その水準では日本が世界一なのですが、スピードはこの3地域が速いということです(図表11)。「日本化」が急速に進むと想定されている各地域は、日本がどうなっているのかに注視せざるを得ないわけです。

だとすれば、単に「日本が老後難民であふれかえっている」なんていわれたくないですよね。しっかりとした老後難民にならない対策もできつつある「先進的な超高齢社会・日本」であってほしいものです。そこで、「老後難民なんか怖くない」といえる対策をしっかりと講じていくた

図表11　主要国の65歳以上人口割合別の到達年次とその倍加年数（一部抜粋）

国	65歳以上人口割合（到達年次）					倍加年数（年間）	
	7%	14%	20%	25%	30%	7%→14%	14%→20%
シンガポール	2000	2016	2023	2028	2034	16	7
韓国	2000	2018	2026	2033	2040	18	8
日本	1970	1994	2005	2013	2024	24	11
中国	2002	2027	2037	—	—	25	10
イギリス	1929	1975	2028	—	—	46	53
オーストラリア	1939	2011	2028	—	—	72	17
アメリカ	1942	2014	2032	—	—	72	18
フランス	1864	1979	2018	2033	—	115	39

1950年以前はUN, *The Aging of Population and Its Economic and Social Implications*（Population Studies, No.26, 1956）および *Demographic Yearbook*、1950年以降はUN, *World Population Prospects: The 2008 Revision*（中位推計）による。ただし、日本は総務省統計局「国勢調査報告」および国立社会保障・人口問題研究所「日本の将来推計人口」（平成18年12月推計）による人口（[出生中位（死亡中位）] 推計値）。1950年以前は既知年次のデータを基に補間推計したものによる。それぞれの人口割合を超えた最初の年次を示す。"—" は2050年までその割合に到達しないことを示す。倍加年数は、7%から14%へ、あるいは14%から20%へそれぞれ要した期間。国の配列は、倍加年数7%→14%の短い順。

めのアイデアをまとめていきたいと思います。

切り口は、年代別の「老後難民対策」ということになりますが、その根幹にあるのは〝お金と長く付き合うための考え方〟になります。

今、私がお勧めしているのは「逆算の資産準備」と呼んでいるもので、退職後の生活必要金額の大枠を、筋道を立てて見極め、それを確保するためにこれから数十年を俯瞰《ふかん》する考え方です。もちろん運用も必要ですが、それだけでは不十分です。今や単純に資産運用を進めるだけではとても追いつかないほど老後の必要資金は大きく、またそれを一気に稼げるほど投資環境は優しいものではありません。地方都市移住といった「生活〝費〟レベルの引き下げ」や、定年後ももう少し働くといった「資産を枯渇《こかつ》させない対策」との合わせ技が不可欠になります。

究極のゴールは「95歳」

さて、退職後の生活を豊かにするための生活設計の最終ゴールはどこに置くべきでしょうか。「退職までに〇〇万円を用意すれば、ゆとりある暮らしができる」とか、「退職後は年金以外に毎月〇〇万円あれば大丈夫」などと、いろいろな試算や考え方があると思いますが、私は最近、ちょっと違った視点を持つようになってきました。人間が長い人生を送るようになったことで、あまり手前のほうにゴールを置いたままだと、それに到達したからといって、その後も人生が長く続くのなら、本当にゴールを達成したことにならないのではないかと思うようになったのです。

たとえば、「退職までに3000万円用意する」という目標を立てたとしても、それで本当に大丈夫なのでしょうか。60歳時に3000万円用意したとして、そこからまだ30年とか35年とかの期間を生活しなければならないとすると、3000万円で足りるのかどうか。それは、かなり大きな不確定要素を抱えたゴールといえませんか。

とすれば、究極のゴールはやはり、「人生の最後を迎えた時にいくら資産を残すか」に収斂《しゅうれん》するように思います。もちろん、私は資産を残すことより、その時点で資産がちょうどなくなるようにすればいいと思っていますので、「人生最後の時を迎えて資産がちょうど底を突く」ようにできれば幸せだ、というゴール設定が最も望ましいと考えています。

問題は、「人生最後の時」をどこに設定するかです。あまりうれしい話ではありませんし、自分が何歳まで生きるかを想定することにどこまで科学的な根拠があるかは定かではありません。ただ、前提は必要です。

たとえば、60歳の人の平均余命は、平成24（2012）年のデータで男性が82・93歳、女性が88・33歳です。平均余命は若干の誤差はありますが、ほぼ50％の確率で生きているということです。50％確率の生存率ということは、すなわちその年齢までに半分の人が亡くなり、半分の人がまだ生きているということですから、老後の生活を保守的に考えるなら、これはかなり危険なゴールといえます。

そこで確率20％、すなわち5人のうち1人生き残るとして何歳まで生きるかを平成24年の簡易生命表をもとに計算してみると、男性で90歳10ヵ月、女性で96歳11ヵ月となりました。このあたりまでを想定して老後の生活資金を計算しておけば、かなり安心感が出るのではないでしょうか。もし、それよりも早く最後の時を迎えれば、残った資産は遺産として残せばいいわけです。

ちなみに、男性の余命のほうが短いからといって、ゴールを90歳として計画することは避けてほしいものです。ここは女性の余命を考慮して、夫婦としてのライフプランは95歳くらいまでを想定すべきでしょう。そこで究極のゴールは、「95歳で資産が0円」になるという設定でいかがでしょうか。

「逆算の資産準備」のすすめ

究極のゴールが決まったら、次は通過点を計算してみましょう。95歳で資産がゼロになる道筋をなぞっていこうということです。資産準備を資産がゼロになるところから逆に遡《さかのぼ》っていくので、これを「逆算の資産準備」と呼んでいます。

簡単にグラフを書いてみました（図表12）。グラフの特徴は、横軸の年齢が左の95歳から右に行くほど若くなっていることです。

台形の大きさは資産残高を示していて、95歳から75歳まではグラフの傾斜が急になっています。この時代は資産を「使うだけ」の時代と考えて、資産の減るスピードが速くなっています。75歳から60歳までは資産を「使いながら運用する」時代として、ここでは資産残高の４％を引き出しながら、残りを３％で運用することを想定しています。この段階は、資産の減り方が95－76歳の時より緩《ゆる》やかになります。そして、60－30代は資産を「働きながら運用する」時代として積立投資を勧めています。

「逆算の資産準備」をより理解していただくために、各時代を詳しくみていくことにします。

図表12　逆算の資産準備

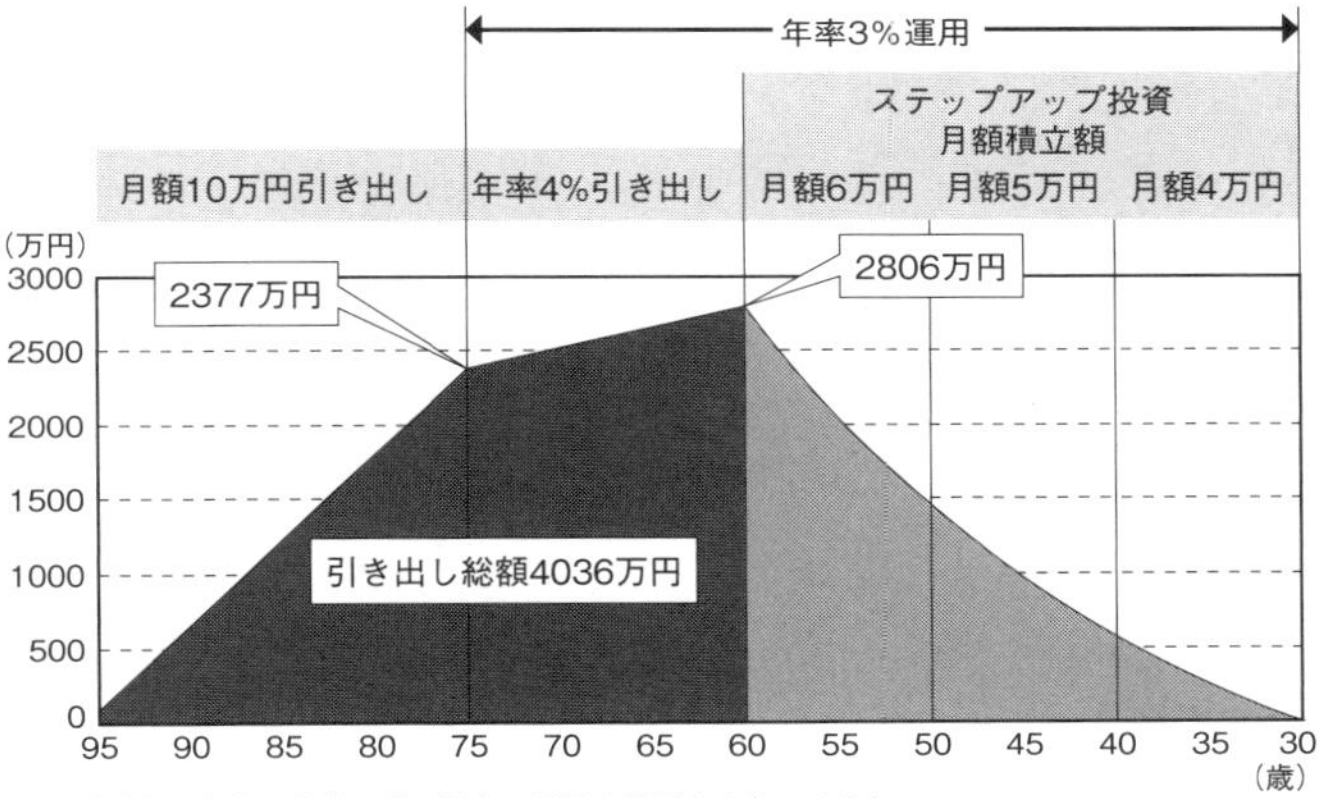

(注) 手数料、税金は考慮せず。将来の運用を保証するものではない。
(出所) フィデリティ退職・投資教育研究所作成

95―75歳「使うだけ」の時代

80代、90代で矍鑠《かくしゃく》として資産運用にも精を出すという人はそれほど多くはいません。一般には、その頃にはできれば資産が十分にあって、特に「運用などで一喜一憂《いっきいちゆう》せずに、その資産を使いながらのんびりとした生活を送っていたいものだ」と思うでしょう。

そこで資産から資金を引き出すだけ、しかも毎月一定額を引き出すだけの生活を75歳から95歳までの20年間続けると考えてみましょう。この段階でこそまさしく退職時代、悠々《ゆうゆう》自適《じてき》な生活の時代ということができます。悠々自適に使うだけの時代、それが75歳からの20年間です。

そこで、いくらを毎月引き出したいか。公

的年金のほかに月に10万円必要なら、年間120万円、20年間で2400万円。この資金額を75歳で手元に持っていればいいわけです。月に15万円必要なら、年間180万円、20年間で3600万円。

ゆとりより介護費用を優先すべき

よく、老後の生活費に関していくらあればいいのか、という議論がなされます。たとえば、生命保険文化センターのアンケート調査がよく引用されて、「最低日常生活費」なら月額平均22・0万円。また「ゆとりある老後生活費」には月額平均35・4万円が必要、といわれています。月額で13・4万円程度あれば、ゆとりのある生活を送れるということですが、そのゆとり額の使途《しと》は、「旅行やレジャー」「趣味や教養」「日常生活費の充実」「身内とのつきあい」「耐久消費財の買い替え」がトップ5になっています。

しかし、これらのゆとりと称する部分は、退職後の10－20年くらいに考えられそうな項目です。75歳を過ぎてからのゆとりとはちょっと考えにくいですね。

では、同じ生命保険文化センターのアンケート結果で、要介護となった場合の必要資金についてみてみましょう。要介護となった場合の必要と考える月々の費用は平均で17・2万円、最も多い分布帯は10万－15万円です。このほかに初期費用が262万円かかるという結果ですが、まあ、こちらでも、毎月の生活費に新たに10万－15万円くらいは上乗せが必要になるというところでしょうか。

ここでは月額10万円の年金上乗せを想定して、先に話を進めていくことにします。

いつ運用から引退するか？

ちょっとここで、75歳に関して考えてみたいと思います。75歳からの20年間は毎月定額で引き出す生活、「使うだけ」の時代を送ることを前提にしていますが、これは、この20年間は資産運用からも引退していることになります。それまでは仕事から引退しても、まだ資産運用からは引退しない時代と考えると、75歳が資産運用からも引退する歳になるということです。

しかし、「俺はまだまだ運用にかかわれる」と意気盛んな高齢者も多いのではないでしょうか。最近は、私がお話しするセミナーでも、矍鑠としてセミナーに参加され、投資のアイデアに耳を傾ける70代、80代の方も多くいらっしゃいます。なぜ年齢で一律に切るのかと問われれば、そこに理由はまったくありません。75歳に何か定説があるわけでもありません。ただ、どこかに一線を引くことで考えを整理しようというだけです。

もちろん、厚生労働省による「日常生活に制限のない期間」としての「健康寿命」を参考にした点は否めません。男性で70・42歳、女性で73・62歳ですから、70代になると、総じて「それまでと同じ健康のまま」というわけにはいかなくなるようです。

74－60歳「使いながら運用する」

次の時代は60歳、すなわち定年退職の時期から「使うだけ」の時代までの15年程度を想定します。この時代の特徴は、作り上げてきた資産を使いながら、資産の寿命を延ばすために運用も行うという点です。これを私は、「使いながら運用する」時代と呼んでいます。

日本の投資家は高齢者が多いといわれます。残念ながら年代別の金融資産総額というデータがないので推計の域を出ませんが、年代別平均金融資産額と人口構成で計算してみると、60歳以上の世帯が全体の金融資産の62・6％を占めることがわかります（図表13）。60歳以上で6割以上といわれる通説に近い数値となります。

日本は60歳以上に投資家が集中しているのですが、この時代の投資に関してきちんと語られることはなかったように思います。ここでは、いろいろな切り口から、この「使いながら運用する」15年間をしっかり見据《みす》えてみたいと思います。

お金と向き合う3つのステージ

「使いながら運用する」時代の詳細に進む前に、全体像を改めてみておきましょう。

図表13　年代別金融資産の分布推計

	20代	30代	40代	50代	60代	70歳以上
世帯あたり金融資産額	342万円	537万円	743万円	1068万円	1539万円	1707万円
2010年世帯数（単位：千世帯）	4,441	7,704	8,203	8,648	10,371	11,262
構成比	2.7%	7.4%	10.9%	16.4%	28.4%	34.2%

（注）構成比は世帯あたり金融資産額×世帯数の合計に占めるその年代の構成比として算出。
（出所）金融広報中央委員会の「家計の金融行動に関する世論調査（2人以上世帯）」と「2010年国勢調査」をもとにした国立社会保障・人口問題研究所の世帯数データよりフィデリティ退職・投資教育研究所作成

お金との向き合い方を一生涯の作業と思って整理してみると、88ページの図表14のように3つのステージに分けることができると思います。現役時代に資産形成をするべきだと考えるのは、特段に目新しいことではありませんが、退職しても投資を続けるのはどこか「道楽」のように思われている節《ふし》があります。それは、退職までに資産形成をするというのがなんとなく金科玉条《きんかぎょくじょう》となっていて、退職してからの資産運用は目的があやふやなように思われているからではないでしょうか。

しかし、けっしてそんなことはありません。後述しますが、定年退職までに必要な資金を形成するのは並大抵《なみたいてい》のことではありません。退職してからも資産運用を続けることで、なんとか生活費を確保できるというのが実態なのです。その意味で、現役時代の資産形成も、退職後の資産管理も、一連の流れの中で受け止めていかないと、大きな間違いを犯すことになりかねません。

お金と向き合うステージを退職までと限定せずに、退職後も一定期間は「使いながら運用する」時代だと想定すると、投資を続

図表14　お金と向き合う3つのステージ

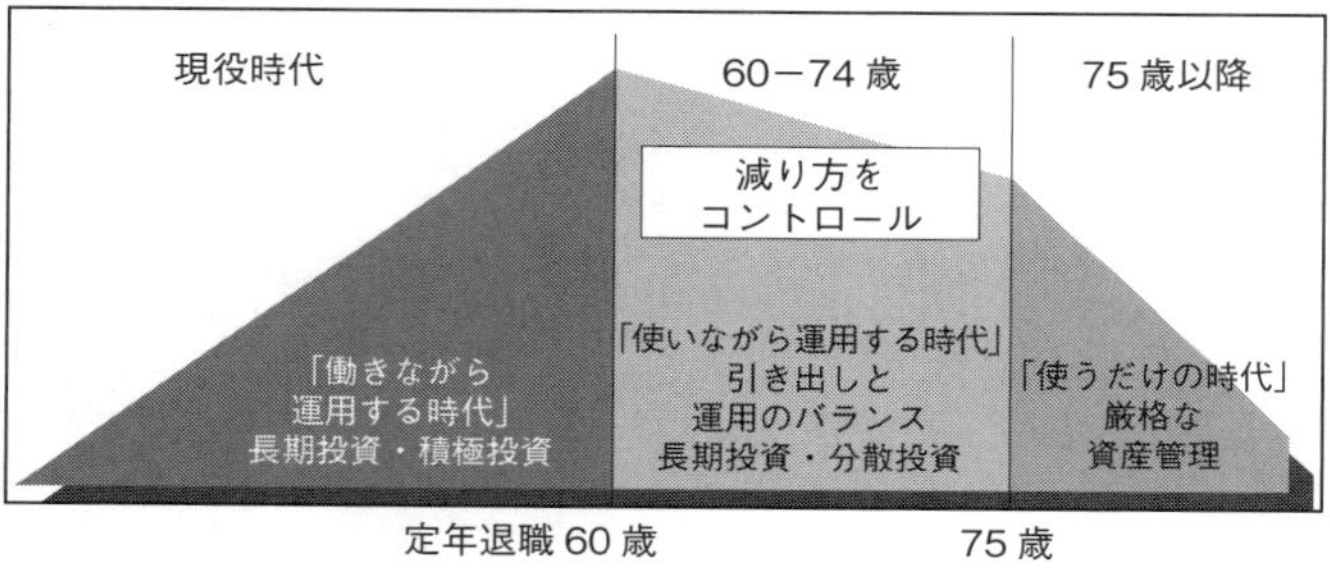

（出所）フィデリティ退職・投資教育研究所作成

ける時間は一気に長くなります。たとえば、現役時代は資産を「働きながら運用する」時代と考えて、退職後は積み上げてきた資産を使う時代になるものの、単に取り崩していくだけではなく、残った資産については運用を続ける「使いながら運用する」時代と考えてみてください。「働きながら運用する」時代を30歳からスタートするのであれば、「使いながら運用する」時代を含めて74歳までとしても、合計で45年間になります。

これだけ長い時間を味方に付けた資産形成と資産活用は、私たちに大きな力を与えてくれるはずです。

「引き出し総額」で考える

「使いながら運用する」時代と「使うだけ」の時代——。この2つの共通項は、どちらも「使う」ということです。何度も繰り返しますが、資産は使うために作り上げてきたもの。使わなければ何の意味もありません。

60歳から資産を「使うだけ」の時代と考えると、「退職後の生活に必要な資金」というのは「60歳の時点で用意している」資金ということになります。退職後の生活に4000万円必要ということであれば、60歳時点で4000万円を用意しておくということになります。

しかし、60歳から75歳までを「使いながら運用する」時代と考えると、「退職後の生活に必要な資金」というのは、60歳の退職時点に用意している資金とは違うものになります。生活に必要な資金なので、「60歳の定年以降に引き出す総額」と考えるべきものです。

そこで、60歳時点の残高と60歳からの引き出し金額の違いをみていきましょう。

まずは75歳から95歳までの20年間、毎月10万円なら75歳スタート時点で2400万円必要と計算しましたが、これはこの20年間の引き出し総額と同じ金額です。しかし、60歳から74歳までの15年間に関しては「使いながら運用する」として、たとえば残高の4％を引き出して、残りの資産を3％で運用するという前提を置くと、60歳時点では2816万円あれば、75歳時点で2400万円が残る計算になります。そして、その間の引き出し総額は1667万円となります。

さて、この2つの期間を合計すると、60歳時点で2816万円の資産残高、それが95歳に資産0円となり、この35年間の引き出し総額は4067万円となります。そうです、「退職後に必要な資金4000万円」というのは、「60歳時点で2800万円強」あれば達成可能ということなのです。退職後の必要資産と、退職時点の必要額は、その後のお金との向き合い方次第でまった

図表15　60歳の残高と60歳からの引き出し総額

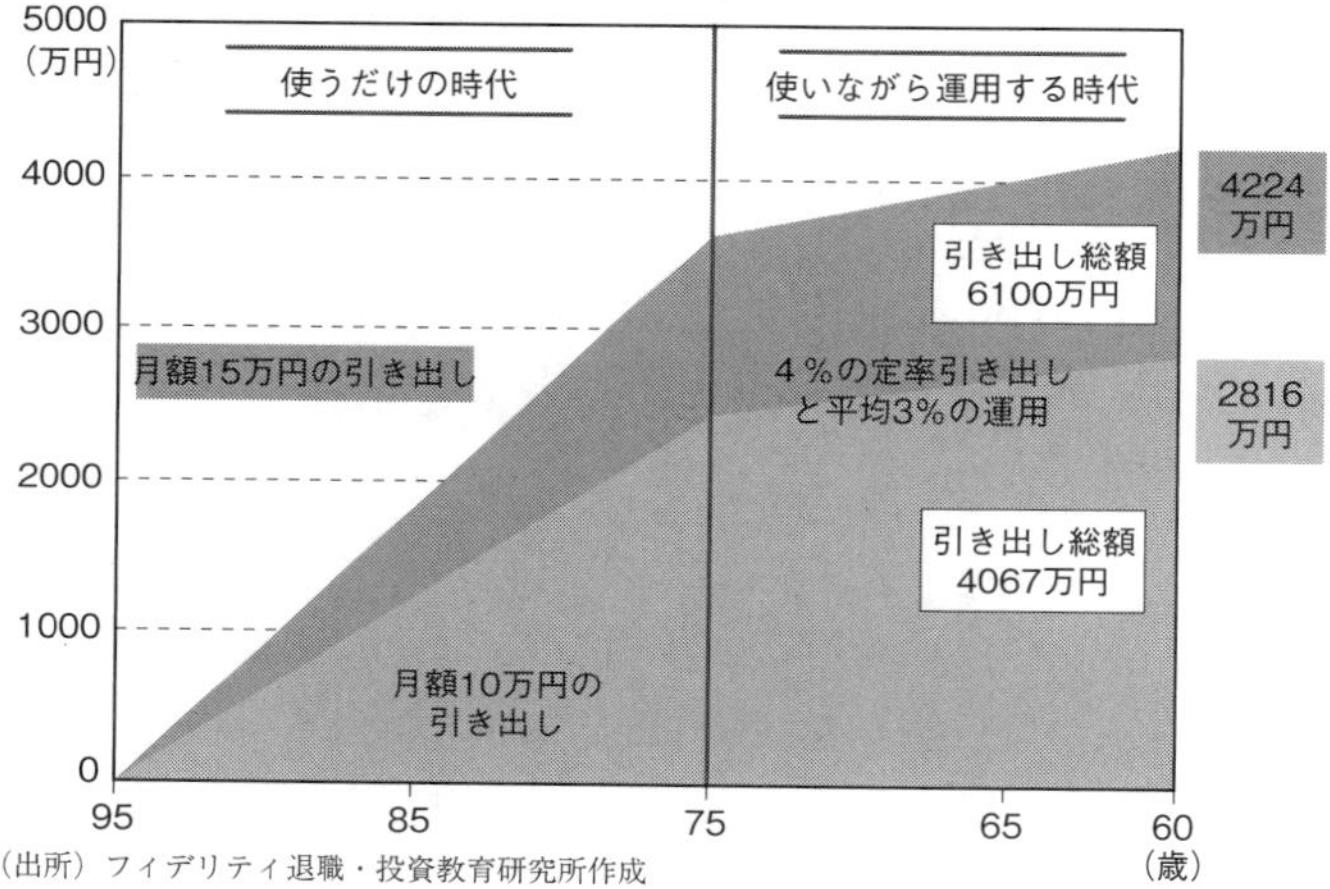

（出所）フィデリティ退職・投資教育研究所作成

く違うものになるということです。

同様に、75歳以降、毎月15万円引き出すという前提で考えると、75歳時点では3600万円の残高が必要になります。4％の引き出しと3％の運用で、75歳時点で3600万円残るようにするためには、60歳時点で4224万円必要となります。この間の引き出し総額は6100万円と計算されます。

37ページの計算で出てきた、たとえば「自助努力で必要な総額は6000万円強」というのは、これが退職時点で手元になければ「老後難民」になるというわけではありません。引き出し総額6000万円なら、60歳時点で4200万円強あればそれが達成可能ということになります（図表15）。

運用と使うことを合わせて資産管理

そこで「使いながら運用する」時代の3つの要諦《ようてい》をまとめてみましょう。

「使いながら運用する」時代は、現役時代の「働きながら運用する」時代とは、多くの点で異なったものとなります。何度も繰り返しますが、この時代は「使う」というお金との向き合い方が新たに加わります。

言い換えると、それまでの時代との最大の違いは、資産が減っていくことを容認する点なのではないでしょうか。

現役時代には、資産を積み上げることを最大の目標として、運用を行ってきました。しかし、退職後の資産運用は、それまでに積み上げてきた資産を使うことが前提であるために、資産は減っていくものだということを受け入れる考え方が、1つ目の重要なポイントとなります。それを容認するところから、「使いながら運用する」時代が始まるといってもいいでしょう。

88ページの「お金と向き合う3つのステージ」のグラフをみると、「使いながら運用する」時代では資産が減少に転じていることがわかります。しかし、野放図《のほうず》に資産の減少を容認するわけではありません。「使うだけ」の時代の資産の減り方と比べると、そのペースは緩やかでなければなりません。そこで、2つ目のポイントは、資産の減り方を上手にコントロールすることです。

減り方をコントロールするためには、「資産の運用」と「使うこと」のバランスが求められるようになります。具体的には、単なるリスクやリターンといった運用のノウハウだけではなくて、いかに引き出すかという「使う側」の面でも一工夫が必要になってきます。言い方を変えると、現役時代の資産運用はまさしく「資産運用」だけでよかったのですが、退職後のお金との向き合い方は、資産運用だけでなく、資産を引き出す面まで含めた「資産管理」としての考え方が求められることになるわけです。

「引き出し方」が未来を左右する

どうやって資産の減り方をコントロールして、使いながらも次のステージまで資産をうまく残すことができるか。特に資産の引き出しに焦点を当てて、それまでの運用面のリスクだけではない、引き出す側にもリスクがあることを考えていきましょう。

まずは、94ページの「定額引き出し」の効果の表を見てください（図表16）。この表は、60歳を退職時として74歳までの15年間の「使いながら運用する」時代の引き出しと運用の関係をみたものです。

収益率の欄は、年間の投資収益率を並べたもので、Aさんの資産運用は1年目が15・3％の上昇に始まって最初の3年間は大幅上昇が続き、後半は最後に▲27・3%、▲23・5%など大幅マイナスとなったと仮定しています。ちなみに、15年間の年率換算収益率は0・9%で、標準偏差で図るリスクは22・3%と、ハイリスク・ローリターンの資産運用だったということができます。

一方、Bさんの資産運用は、収益率の並び方はAさんの運用の毎年の並び方を逆にしただけで計算しています。15年間の平均としてのリスクとリターンはまったく同じになりますから、現役時代の資産運用であれば、Aさんの資産運用もBさんの資産運用も同じ成果をもたらしているはずです。

しかし、「使いながら運用する」時代では、この並び方の違いが結果に大きな影響を与えてしまいます。退職すると、とかく引き出す金額は一定にして、余分に引き出さないことを心掛けるものです。それが安心できると思っている引き出し方だからです。そのため、ここでは引き出し額を年間120万円、年金のほかに毎月10万円ずつ手にするという固定金額にしてあります。

さて、改めてAさん、Bさんの15年後の資産残高を確認してみましょう。

Aさんの60歳時点の残高は3000万円。毎年年初に資産の中から120万円を引き出して生活費口座に移し、それを月次で割って引き出すようにしています。年金のほかにちょうど毎月10万円ずつを資産から引き出して使っていくという考え方だと思ってください。もちろん、残った

図表16　定額引き出しの効果

年数	Aさんの資産運用			Bさんの資産運用		
	収益率 %	定額引き出し		収益率 %	定額引き出し	
		資産額 3000万円	引き出し額 120万円		資産額 3000万円	引き出し額 120万円
1	15.3	3320.6万円	120.0万円	−23.5	2203.2万円	120.0万円
2	39.9	4477.7万円	120.0万円	−27.3	1514.5万円	120.0万円
3	29.0	5621.4万円	120.0万円	36.8	1907.7万円	120.0万円
4	−18.7	4472.7万円	120.0万円	−9.3	1621.4万円	120.0万円
5	−3.6	4196.0万円	120.0万円	21.2	1819.7万円	120.0万円
6	−26.4	2999.9万円	120.0万円	−2.6	1655.5万円	120.0万円
7	2.9	2963.4万円	120.0万円	0.7	1546.3万円	120.0万円
8	13.2	3218.8万円	120.0万円	13.2	1614.5万円	120.0万円
9	0.7	3120.5万円	120.0万円	2.9	1537.9万円	120.0万円
10	−2.6	2922.4万円	120.0万円	−26.4	1043.6万円	120.0万円
11	21.2	3396.6万円	120.0万円	−3.6	890.3万円	120.0万円
12	−9.3	2971.8万円	120.0万円	−18.7	626.3万円	120.0万円
13	36.8	3901.3万円	120.0万円	29.0	653.1万円	120.0万円
14	−27.3	2749.0万円	120.0万円	39.9	745.8万円	120.0万円
15	−23.5	2011.2万円	120.0万円	15.3	721.5万円	120.0万円
標準偏差	22.3			22.3		
年率換算収益率	0.9			0.9		

（注）手数料、税金は考慮しない。
（出所）フィデリティ退職・投資教育研究所作成

資産は運用しており、Bさんに関しても、まったく同様の行動を取っています。

この2つのケースで、15年後の資産残高を比べてみると、Aさんの場合は2011・2万円で、Bさんの場合は721・5万円と大幅な差がついてしまっています。繰り返しますが、現役時代に資産運用を行っていれば、AさんもBさんもまったく同じ15年間の運用だったはずですが、この「使いながら運用する」時代では答えがまったく違ってきます。

これは、なぜでしょうか。

「収益率配列のリスク」に要注意

もう一度、図表16をみてください。たとえば2年目の状況ですが、Aさんは最初の1年目、2年目に高いパフォーマンスだった結果、資産残高は4500万円近くまで増加しています。一方で、Bさんの場合には、逆に大幅なマイナスのパフォーマンスが続いたことで資産残高は1500万円程度まで減っています。

4500万円と1500万円とで、同じ120万円を引き出した場合、残高に与える影響は当然違ってきます。そうなんです、120万円という一定額で引き出すことで、Bさんのほうが資産の劣化が大きくなっていたのです。こうした大幅な資産価額の下落が運用開始の頃に起きると、引き出し額を一定額にしてコントロールしているつもりになっても、実はそれが資産の劣化を早めることになっているケースもあるのです。

もちろんBさんの場合には、15年間の後半あたりには高いパフォーマンスを上げることになります。しかし、その時にはすでに資産の劣化が進んでおり、せっかくの高いパフォーマンスも、資産の回復という点では十分に効果を発揮《はっき》し得なかったということです。

このリスクは、英語ではSequence of returns riskと呼ばれ、米国では退職後の資産運用でよく話題に上る考え方ですが、日本ではあまり聞いたことはないと思います。

どうしてなのでしょうか？

日本で投資教育というと、どうも「長期投資」「分散投資」「時間分散」といった資産形成のためのアイデアばかりが強調される傾向があります。これは、けっして間違ったことではないのですが、60代以上の投資家が6割以上を占めるという日本の現状に照らしてみると、資産形成のためのアイデアだけでは不十分なのではないでしょうか。退職後の資産管理の理論的な説明というものを、もう少しきちんとしなければならないように思います。

ちなみに、フィデリティ退職・投資教育研究所では、Sequence of returns riskを「収益率配列のリスク」と訳して、その影響に警鐘を鳴らしています。改めて「使いながら運用する」場合には、定額の引き出しは想定以上に資産残高の劣化を引き起こすことがある点に注意を促したいと思っています。

引き出し方の極意：定率引き出し

定額引き出しの問題への対策はどうしたらいいでしょうか。Aさんのような投資環境の時に引き出しをスタートすればそれはそれでいい方法でしょうが、環境がどうなるかを事前に予測するのはかなり難しいことです。

一般に、株式に投資するとどれくらいの期待リターンを上げられるか、債券だったらどうかといった研究は非常に長く行われています。その推計方法も、過去の平均値を使う方法、「ビルディングブロック方式」といって株式の持つ本来の収益性にインフレ率を加味する方法など、いろいろなパターンがあります。しかし、これらは10年とか20年とかといった期間の平均収益率を推計する方法であって、毎年の収益率の並び方を予測するものではありません。

平均値ならなんとか推計方法もあるのですが、年ごとの収益率を、たとえば15年間予測するなど、ほとんど神業《かみわざ》です。はっきりいって「無理」だと思います。だとすると、15年間の平均はともかく、その並び方からAさんの資産運用になるのか、Bさんの資産運用になるのかを予測することはできません。

しかし、そうはいっても、私たちはその期間を「使いながら運用」しなければなりません。そこで、残高の一定率を引き出す「**定率引き出し**」を考えてみてはどうでしょう。運用の収益率が

「率」で計算されるのであれば、引き出しも「率」で計画することで、「運用」と「引き出し」のバランスがとりやすくなります。

それをみたのが、図表17です。これは、引き出し方法を年間120万円と固定するのではなく、毎年残高の一定率、ここでは「4％」を引き出すという定率での引き出しの結果を試算したものです。毎年の収益率の並び方は、94ページの定額引き出しをした時とまったく同じで、運用開始時点の資産額も同じ3000万円。毎年定められた額を引き出して、残りをそれぞれの収益率で運用するという対応もまったく同じです。

違うのは、引き出し額が一定なのか、引き出し率が一定なのかという点だけ。結果は、この方法ならば、収益率の並び方がどうであろうと、投資期間の平均でリスクとリターンが同じ場合、15年後の資産額は等しくなるということ。このケースだと1865・2万円です。収益率配列のリスクを回避する手段として、「使いながら運用する」時代には使い勝手のある方法だとは思いませんか。

15年間の平均収益率と標準偏差がある程度見込まれるとおりに動くとすれば、定率引き出しを行っている限り、15年後の資産額は想定の範囲内ということになるわけです。

図表17　定率引き出しの効果

年数	Aさんの資産運用			Bさんの資産運用		
	収益率 %	定率引き出し		収益率 %	定率引き出し	
		資産額 3000万円	引き出し額 4%		資産額 3000万円	引き出し額 4%
1	15.3	3320.6万円	120.0万円	−23.5	2203.2万円	120.0万円
2	39.9	4459.8万円	132.8万円	−27.3	1537.7万円	88.1万円
3	29.0	5523.0万円	178.4万円	36.8	2019.4万円	61.5万円
4	−18.7	4310.6万円	220.9万円	−9.3	1758.3万円	80.8万円
5	−3.6	3989.2万円	172.4万円	21.2	2045.8万円	70.3万円
6	−26.4	2818.6万円	159.6万円	−2.6	1912.9万円	81.8万円
7	2.9	2784.3万円	112.7万円	0.7	1849.3万円	76.5万円
8	13.2	3025.8万円	111.4万円	13.2	2009.6万円	74.0万円
9	0.7	2925.1万円	121.0万円	2.9	1985.2万円	80.4万円
10	−2.6	2735.1万円	117.0万円	−26.4	1402.7万円	79.4万円
11	21.2	3182.3万円	109.4万円	−3.6	1298.1万円	56.1万円
12	−9.3	2770.9万円	127.3万円	−18.7	1013.1万円	51.9万円
13	36.8	3638.9万円	110.8万円	29.0	1254.7万円	40.5万円
14	−27.3	2539.7万円	145.6万円	39.9	1685.1万円	50.2万円
15	−23.5	1865.2万円	101.6万円	15.3	1865.2万円	67.4万円
標準偏差	22.3			22.3		
年率換算収益率	0.9			0.9		

(注) 手数料、税金は考慮しない。
(出所) フィデリティ退職・投資教育研究所作成

定率引き出しの課題

とはいえ、これですべて解決というわけでもありません。課題もあります。図表17をご覧いただくと、15年後の資産額をうまくコントロールしようとした結果、毎年の引き出し額がかなりばらついていることがわかります。しかも、Bさんの資産運用ではAさんに比べて引き出し額が少なくなっています。これは、より安定した生活を送りたいと考える退職後にとって厳しい現実だともいえます。

ただ、この点に関しては、２つの考え方ができると思います。定率引き出しは、市場の価格変動リスクを引き出し額の変動に変えることで残高の変動を避ける方法です。ということは、引き出し額の変動を抑えるためには、よりリスクの低い運用を心掛けることです。

94ページの図表16と99ページの図表17の年ごとの収益率は、東証株価指数（ＴＯＰＩＸ）を参考に作成してみました。かなりボラティリティ、すなわち価格変動リスクの高い投資商品で運用することを前提にしているものですので、債券との資産分散、海外資産との資産分散などを考慮して、より標準偏差の小さい運用を目指すことが必要になります。これによって引き出し額の変動はより少なくなるはずです。

それでも引き出し額や変動を１００％なくすことはできません。そこでもうひとつの考え方です。

60－74歳の時期は退職後とはいえ、まだまだ生活力のある時期です。長い退職後の生活を考えると、75歳以降の運用から撤退する時期に十分な資産を残すか、60－74歳でも安定的な引き出しを優先するかといえば、前者を優先するのは自明のことと思います。60－74歳の間なら、まだ自分の生活をコントロールして、多少の収入の変動にもうまく対応できるはずです。

言い方を変えれば、そうした生活のコントロールもままならなくなれば、その時こそお金との向き合い方が「使うだけ」の時代に入ったと考えるべきでしょう。

資産運用から資産管理へのシフト

金融機関に行くと、「資産管理」という言葉をよく聞きます。総合的にお客様の資産を管理するということで、単に運用だけでのサービスではないということを強調しているわけです。

私たちも、自分でも単純な「資産運用」という片方だけをみるのではなく「資産の引き出し方」も含めた資産管理のあり方をみつめてみるべきだと思います。特に退職したあとのお金との向き合い方としては、やはり引き出すことは重要な側面だと思いますから、現役ではなくなったからこそ、資産運用から資産管理に一歩進化させる時に来ていると思います。

「秤」で考えてみよう

といっても、どうやって資産運用と資産の引き出しのバランスを考えたらいいのでしょうか？　そんな質問が聞こえてきそうです。そこで3つ目の要諦です。

よく陥《おちい》りがちなのが、「資産運用ではどれくらいの運用収益率を狙《ねら》ったらいいんだろうか」と考え始めることです。運用収益率を考えることはたいへん重要なのですが、その前にまず「使うこと」から考えてみてほしいと思います。

たとえば、資産3000万円を使って、「使いながら運用する」時代を乗り切ろうとする場合に、まず「年金のほかにどれくらい毎月の費用が必要か」という点に思いを向けてほしいところです。必要額が10万円であれば、年間で120万円。それは、おおよそ資産の4％に相当すること（＝120万円÷3000万円）から、4％の引き出し率が必要と想定します。

これを次ページ図表18の秤《はかり》の右側の皿の上に書き込んでみましょう。これを前提に、初めてどれくらいの運用収益率を想定するかを考えてみてください。もちろん、高ければ高いほどいいに決まっていますが、その分リスクが高くなり、定率引き出しをすると資産の引き出し額の変動が大きくなります。

「使いながら運用する」時代の要諦として指摘したように、資産が減ることを受け入れることか

図表18　秤で考える資産管理

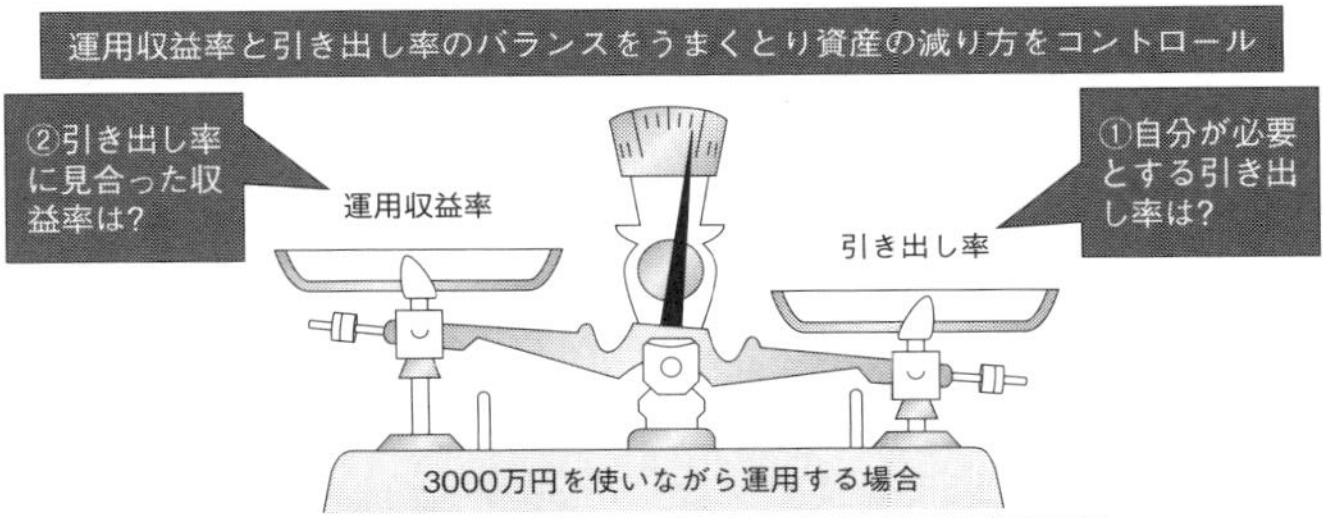
運用収益率と引き出し率のバランスをうまくとり資産の減り方をコントロール
②引き出し率に見合った収益率は？
①自分が必要とする引き出し率は？
運用収益率
引き出し率
3000万円を使いながら運用する場合

資産が減少する割合	0%	−1%	−3%	−5%
15年後				
15年後の資産残高（万円）	3000	2580	1900	1390

（注）　手数料、税金は考慮しない。
（出所）フィデリティ退職・投資教育研究所作成

ら始めると、「引き出し率を下回る運用収益率でいいんだ」と思えるようになるはずです。年率４％で引き出すのであれば、年率３％で運用できれば、平均して年間１％で資産が減っていく程度にコントロールできるということです。

ちなみに、３０００万円の資産から年間で１％ずつ資産が減っていったとしても、15年後にはまだ２５８０万円の残高が残っている計算になります（手数料と税金は考慮せず）。

「資産管理収益率」でチェック

もう一度、図表18の秤の絵をみてください。左側の皿に3％の運用収益率を書いてみれば、そのバランスの具合がわかってきます。4％引き出しと3％運用は、意外にいいバランスだと思います。本著でも、このバランスで論旨を展開することが多くなっているのはそのためです。

ところで、引き出しまで考慮して資産管理を考えるようになった結果、私は「引き出し率＋運用収益率」を**「資産管理収益率」**と呼ぶようにしています。秤のグラフでみれば、資産管理収益率は▲1％＝引き出し率▲4％＋運用収益率3％となります。こう考えれば、「使いながら運用する」時代の3つの要諦、①資産が減ることを受け入れる、②減ることをコントロールするために「定率引き出し」を導入する、③使うことと運用することのバランスを考える、をうまく取り込むことができます。

改めて、「使いながら運用する」時代の資産管理術として理解してほしいと思います。

引き出しも「時間分散」で

ちょっと視点を変えてみましょう。

資産の引き出しに時間をかけるという点を、違った視点でみると面白いこともみえてきます。

一般に資産形成には時間分散が大切だといわれます。**積立投資**（後述）とか、**ドルコスト平均法**とかいわれるものですが、実は、資産運用から撤退するのも時間をかけたほうがいいのです。

最近は〝コツコツ投資〟といった言葉で表現されることも多くなった「毎月定額で積み立てる

投資」は、「安いときにたくさん買って、高くなったら買う量を自動的に少なくする」という、購入の効率化を図る方法として知られています。とはいえ、たとえば定年時に退職金で３０００万円の投資を行っていても、長年かけて積立投資を行って３０００万円の資金になっていても、その時点では同じ３０００万円を資産として保有していることに違いはありません。もちろん、購入コストは大きく異なるでしょうが、「引き出そうとしたときに相場が急落していたらどうしよう」という懸念は、どちらも一緒のはずです。

ところが、これを一度に現金化しないで、時間をかけて引き出していくと考えたら、幾分気が楽になるのではないでしょうか。そうなんです、定率引き出しをしていくということは、投資から徐々に撤退する「出口戦略」であるともいえるわけです。

現役時代に「定額」積み立てをして時間をかけて資産を徐々に積み上げていくという上り坂を、今度は時間をかけて「定率」で引き出していく下り坂で表現したと思えば、イメージが湧いてくるでしょうか。

資産運用の出口戦略だと考えると、時間をかけて引き出すことの意味は、単に「使いながら運用する」時代への対応という側面だけではなく、資産運用そのものへのアプローチの一環ということもできます。コツコツ投資を実践している現役世代の人にも、ちょっと先の話だとはいえ、投資からの撤退方法として念頭に置いていただけると嬉しいところです。

59－20歳「働きながら運用」

３つ目のステージは、現役時代の資産形成です。定番の表現ですが、この時代の資産形成には「積立投資が最も有効な方法」だといえます。

「使いながら運用する」時代を経て75歳時点で２４００万円を残すためには、60歳時点で２８００万円程度の資産が必要になります。退職時点までにざっくりと３０００万円をどうやって作り上げるか、少し考えていくことにしましょう。

最大の関心事は、運用の収益率をどれくらいにみるかでしょう。毎年倍増する運用方法があれば、０円からスタートしても、月1万円も積み立てれば、計算上わずか5年9ヵ月で３０００万円を作り上げることができます。しかし、毎年2倍になる資産運用が5年、6年と続くと想定することはとてもできません。それでは、逆に預金と同じ０・０１％で運用するとすれば、月４万円を積み立てても、３０００万円貯めるには62年4ヵ月かかります。これだと、孫の代までかかってしまいます。

では、どれくらいの収益率を考えたらいいのでしょうか。毎月の積立額がそれほど負担でなく、またあまり高い収益率でもない水準を探したいところです。たとえば、30歳、資産０円からスタートして月4万円の積み立てなら、30年で３０００万円貯めるための収益率は４・５％。

図表19　ステップアップ投資の考え方

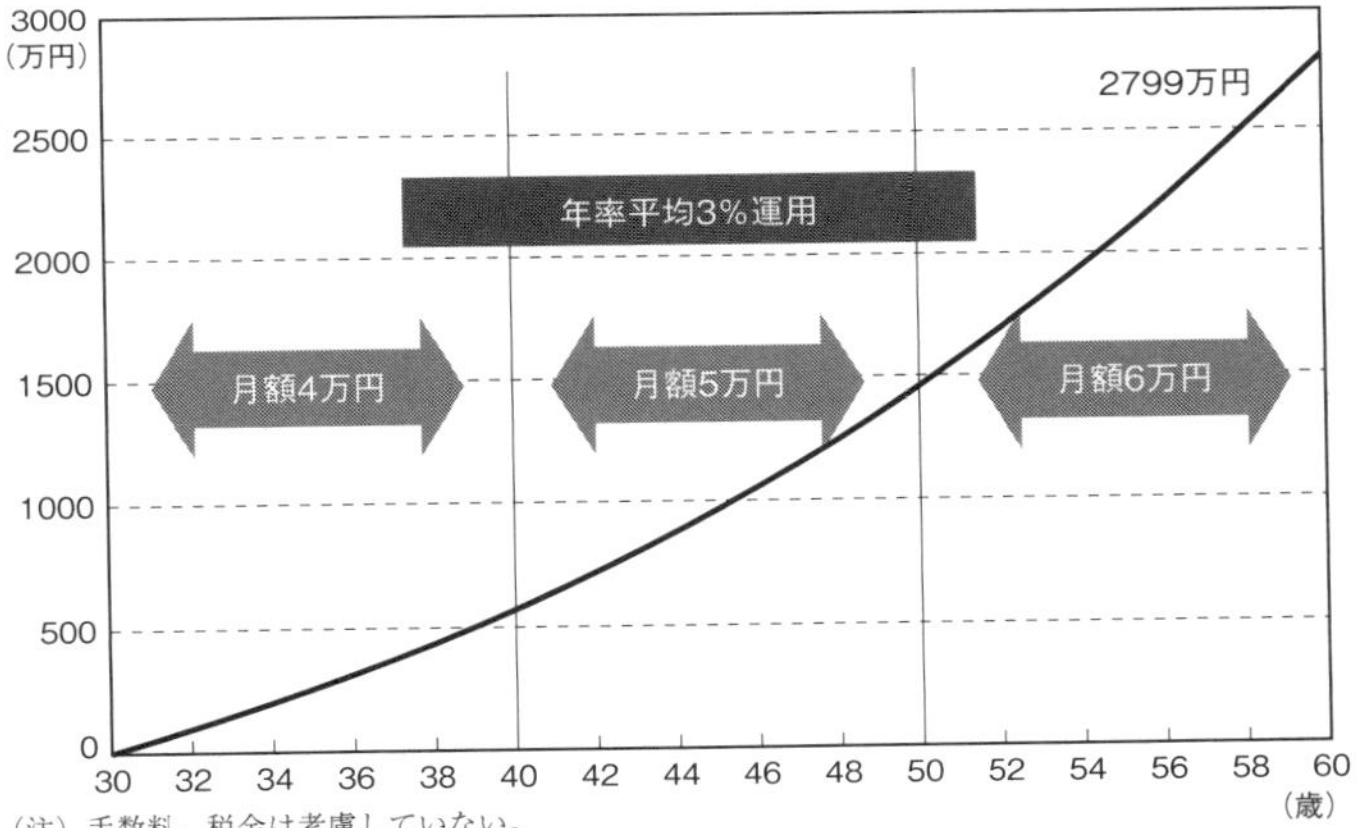

(注) 手数料、税金は考慮していない。
(出所) フィデリティ退職・投資教育研究所作成

もう少し低めの収益率で3%なら、投資金額を年代に合わせてステップアップさせる投資も考えられます。たとえば30代は月４万円、40代になったら月５万円に引き上げ、さらに50代では月６万円で積立投資をしていくと、手数料や税金などを考慮しなければ、30歳から資産０円でスタートしても60歳で２８００万円程度に届きます（図表19）。

40歳からこれをスタートさせるとすれば、手元に５００万円ほどの残高があれば、同じように40代５万円、50代６万円の積み立てで、ほぼ同じ水準に到達することが可能です。逆に、もし40歳で資産残高０円だとすれば、ボーナス時に追加で40代15万円、50代25万円ずつ積み立てるなら、計算上、60歳で２８００万円レベルを達成することができます。ボーナスでの負担が重くなりますが、できないレベルではないと思います。

このように、年代に合わせて投資額を増やしていく方法を、「ステップアップ投資」と呼んでいます。これだと、年率3％の投資でなんとかなりそうな感じです。なお、インフレになればその分を3％に上乗せして考えることになります。たとえば2％のインフレなら、年率5％の運用を目指すわけです。

年率3％で投資を行う方法

課題は、10年以上の投資で年率平均3％をもたらすポートフォリオをどう作り上げるかということでしょうか。実際には、数年で3％の収益率というと難しいのですが、10年、20年という長期にわたる平均値でなら、実績値としても3％以上の収益を確保する方法はありそうです。

たとえば、国内株式（TOPIX配当金込み）、海外株式（MSCIワールド・インデックス除く日本／税引き前配当金込み）、国内債券（シティ日本国債インデックス）、海外債券（シティ世界国債インデックス除く日本）の4つの資産に4分の1ずつ分散するオーソドックスな国際分散投資でも、1996年から計算してみると年率換算の平均値で4・71％の収益率が確保できています。しかも、その間にはITバブルとその崩壊、リーマンショックなど大きな市場の混乱もあったわけで、そうした大きな波を潜《くぐ》り抜けて平均で4・71％を達成していることを考えると、一時の混乱も長い運用の中でみれば十分に乗り越えられる波だともいえます。
30歳から59歳までの30年間という長きにわたって考えれば、よりいっそう、目的の収益率を確保する可能性が高いと考えられます。

まとまった資金がなくてもできる

しかし、そうした長い投資を続けるには忍耐力が求められます。大きな下落の波が襲ってきたときにでも泰然自若《たいぜんじじゃく》としているのは、なかなか難しいことです。耐えるのは簡単ではないのですが、下落している時こそ投資のタイミングと思って投資を継続できる方法が積立投資なのです。長期投資にこそ、時間をかけて投資を行う積立投資という考え方が大切なのです。しかし、これもなかなか理解されていないようです。

２０１４年４月に行った勤労者３万人に対するアンケート調査によると、投資をしていない人は72・７％に上りました。その理由として最も多かったのが、36・８％の方が挙げた「投資するだけのまとまった資金がないから」というものでした。

こう聞くと、積立投資をしている方々は、「えっ!?」と思われるかもしれませんね。そうです、投資はまとまった資金がなくてもできるもの。毎月少額でも投資をすることができるからです。

長期投資・分散投資・時間分散

さらにアンケートでは、いわゆる投資における3原則、「長期投資」「分散投資」「時間分散」がどれほど有効だと知っているかを聞いています。結果は、「長期投資」を有効だと考えている人は33・5%、「分散投資」が有効だと考えている人が36・0%と、それぞれ3分の1程度に達している一方で、「時間分散」が有効であると考えている人はわずか21・1%でした。

「時間分散」を有効だと考えている人の比率を年代別、性別、年収別にみると、いくつかの特徴がわかります。たとえば、女性の場合は平均して男性より有効だと考える人の比率が低くなっていますが、年齢が高くなるにつれて上昇しています。一方、男性は総じて高く、年齢とはあまり関係がありません。この結果、特徴として目立ってくるのが、若い男性が「時間分散」の効用を理解している比率が相対的に高いことです。

若い人こそ投資の「時間」が長く取れるので、その分「時間分散」の効果が高くなるわけですから、この傾向はうれしいかぎりです。

年収別にみると、意外にも年収が高い人ほど理解している人が多くなっています。「時間分散」は、投資資金の少ない人が投資を行う際に有効な方法ですから、本来は逆であってほしいところですね。もう少し所得の少ない層でも活用することを考えてほしいものです。

積立投資

時間分散の効用を最大限に活用した投資が「積立投資」です。その効用を大きくまとめると次の2つになります。

第1は、「投資をする時間を分散すること」で購入単価の平準化が可能になります。物を安く買うにはどうすればいいでしょう。値段が安い時にたくさん買って、値段が高いときには買い控えることです。それが自動的にできるのが、定額積立投資です。

たとえば、毎月定額で株式投信に投資をする場合には、投資額が一定なので基準価額が下落した時には口数を多く買い、基準価額が上昇した時には購入口数を自動的に減らすことができます。これによって購入単価が平準化され、低く抑えることができるようになります。それがわかるようになれば、「価格が下落している時こそ安く買える」と前向きに思えるはずです。もちろん、その後に値上がりの可能性があることが前提ですが。

2つ目は、自動で行うことで投資に行動バイアスがかかりません。投資には「〝もう〟は〝まだ〟なり、〝まだ〟は〝もう〟なり」という格言があります。〝もう〟買い時だと思って行動するとその先にさらに買い時があったことはありませんか。逆に〝まだ〟だと思って買い時を待っていると、すでにその時は過ぎて買い時を失ってしまった、といったこともよくあることです。

定額積立投資は、こうした人の心理の弱いところ（行動バイアス）をうまく補ってくれます。常に自動で購入することは、相場に左右される心理面を抑制することでもあるのです。しかも、毎月少額で行えば投資に対する「気負《きお》い」もそれほど持たなくて済みます。

「時間分散」＝定額積立投資は、その効用が大きいにもかかわらず、意外に知られておらず、実践している人も少ないようです。ぜひ、多くの方が積立投資を実行していただけるといいですね。

積み立てでバブル崩壊後もプラス

百聞《ひゃくぶん》は一見に如《し》かずということで、図表20のグラフを見てください。

これは、日経平均が3万8000円台と一番高かった1989年12月以降、2013年12月まで、その日経平均を毎月1万円ずつ購入し続けたとしたら、その後どうなっているかをみたものです。当時は日経平均を購入する方法はありませんでしたが、今は指数に連動する上場投資信託（ETF）もありますから、こうした投資が可能になっています。

1989年12月から2013年12月までの289ヵ月間の継続投資で、総投資額は289万円ですが、購入単位数は210・25単位で、平均購入単価はスタート時点の時価3万8916円の約3分の1に相当する1万3745円です。すなわち、日経平均が1万4000円台にあれ

図表20　日経平均に毎月1万円ずつ投資してみたら

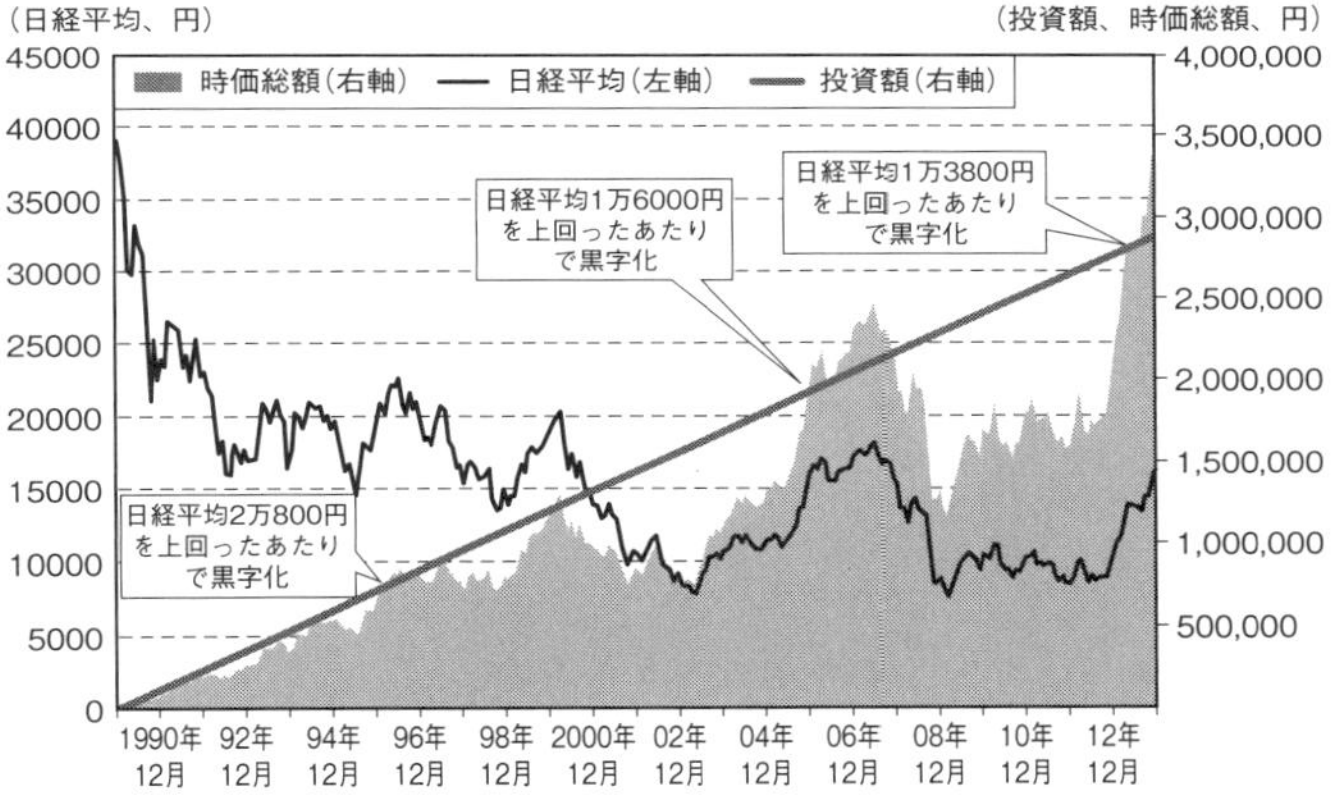

（注）各月の日経平均月末値に1万円で投資すると仮定。1989年12月から2013年12月までの289ヵ月の累計。手数料、税金は考慮せず。今後のパフォーマンスを保証するものではない。
（出所）フィデリティ退職・投資教育研究所作成

ば、利益が出ているということです。ちなみに、その時の時価総額は342・5万円です。

50代の資産運用20年プロジェクト

「積立投資」の有効性に関して紙面を割《さ》いてきましたが、せっかく年代別に投資の考え方、資産管理の考え方をまとめてきましたので、退職まで時間の少ない50代と、まだまだ時間のある20－30代とを分けて話を進めていくことにしましょう。

まずは、50代の課題と投資に対する考え方です。

私は50代こそ、お金と真剣に向き合わなければならない世代だと考えています。フィデリティ退職・投資教育研究所という組織名は、使い始めた当初は、「野尻、せっかく入ったのにもうフィデリティを退職して、新しい研究所を始めたのか」などと仲間内でよくいわれたものです。しかしこの名称は、「退職」という人生にとって大きな、そしてお金と向き合う点でも大きな節目を念頭に置いて投資教育を目指す研究所として付けたものです。そう、50代はその退職を目前にした大切な期間ということになります。

具体的に考えてみると、

①退職に伴い、定期的な収入がある「フローの時代」から資産を使っていく「ストックの時代」へと移行する
②退職金の受領で、まとまった資金が「会社の口座」から「個人の口座」に移行する
③公的年金や社会保障などに関して「拠出世代」から「受給世代」へ移行する

といった、大きなお金にまつわる変化=移行が現象としてみられ、それが退職後の生活の全般にわたって影響を与えることになります。

米国では、退職に伴ってDCの口座からその他の個人の退職口座へ資金移動が起きます。これはロールオーバー（Rollover）と呼ばれていますが、日本においても退職を挟んだ50代から60代

は、こうした資産にまつわる諸々のことが「移行」する、まさに「ロールオーバー世代」と位置付けることができます。

ロールオーバー世代の対策

個人投資家の最大の強みは「時間を味方につけられること」とよくいわれますが、10年、20年といった「長期」の「時間」が必要になります。そうした「長期」投資を前提に退職に向けた資産形成を考えようとすると、50代には必ずしも十分な「長期」投資のできる時間がありません。

もし退職時期を先延ばしできて、退職までの「時間」をもっと長く確保できるのであれば、それは大きな解決策でしょう。しかし、退職時期の先延ばしは年収の大幅ダウンを伴った「再雇用」「雇用延長」という言葉にあるとおり、実質的には「一度、退職して再びに仕事につく」ものとなる可能性が高く、そのため、実は資産を積み立てるには所得が少なくなりすぎている懸念があります。いやそれどころか、60歳よりも前の段階で、役職定年とか、関連会社への出向、転籍といった事態もありえます。その結果所得がダウンし、それに伴って資産の新たな積み立てができなくなる場合、それを定年退職と呼ぶべきなのかもしれません。

そこで、退職までの残り「時間」を目標にするのではなく、そこからの資産管理も含めた70代までの20年程度をお金と向き合う「時間」と考えてみてください。すでに述べてきた「使いなが

図表21　50代のための資産運用20年プロジェクト

「使いながら運用する」時代を考慮した概念図

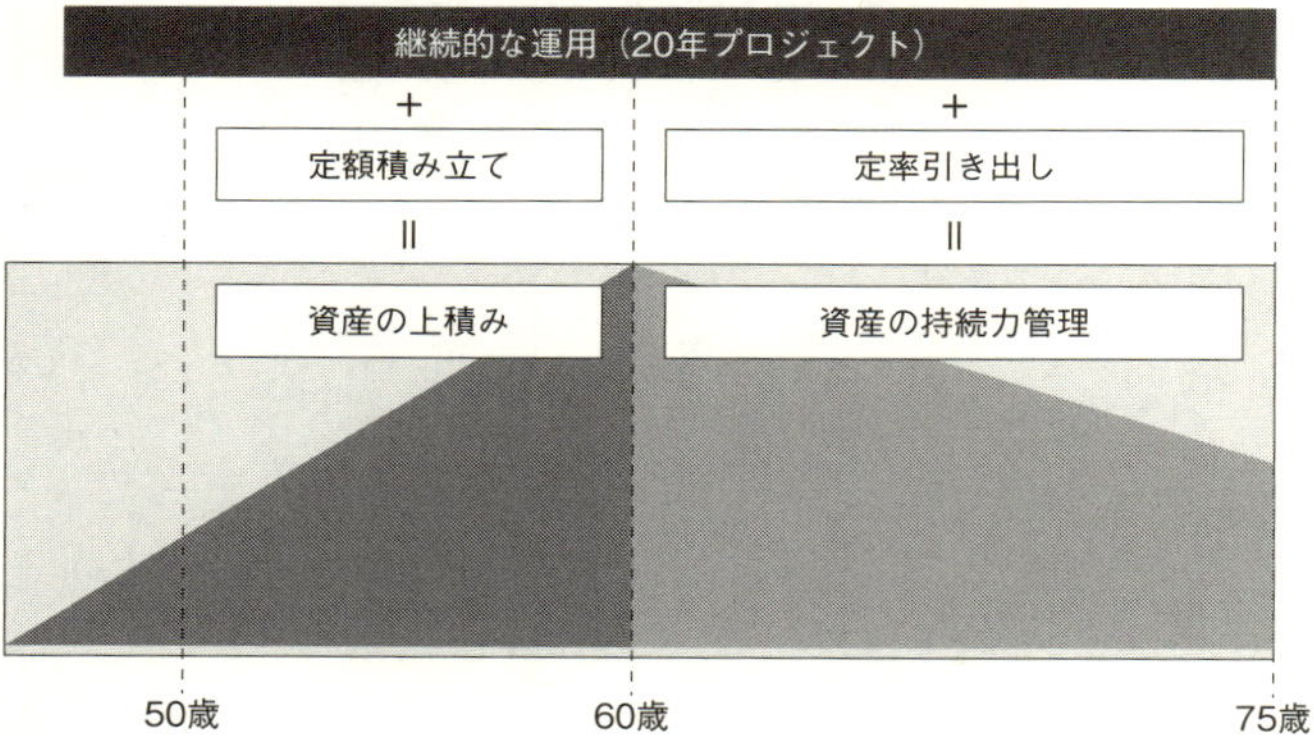

（出所）フィデリティ退職・投資教育研究所作成

ら運用する」時代も含めて考えるのです。

資産運用期間が短いと考えれば、総資産に占める有価証券の比率が極端に少ない保守的な運用になることも避けられないところでしょう。しかし、それでは十分な資産形成にはつながらず、インフレに弱い資産配分のままになってしまいます。もしこの段階で、資産運用／資産管理を「使いながら運用する」期間も含めて75歳くらいまでと考えたら、まったく違ったお金との向き合い方が見えてくるように思います。

50代は、資産運用を20年のプロジェクトと考え、その前半にあたる現役時代には「定額積み立て」を、そして退職後に収入が年金だけになったら、資産から資金を引き出す「定率引き出し」の考え方を組み合わせることで対応する、というアイデアです（図表21）。

年金空白時代をいかに生き抜くか

そこでもうひとつ、定年後も働くということの意味を、資産管理との関係で考えてみたいと思います。

定年後も働きたいと考える理由に、「家でぶらぶらしていても仕方ないから」とか、「急にやることがなくなってボケるのも困るから」とか、また奥さまから「ずっと家にいられても邪魔だから」などといわれるからということがあると思います。しかし、ここでは定年後も働いて収入を得ることの意味を、「使いながら運用する」時代の流れの中で改めて考えてみたいと思います。

年金の支給開始は、２０３０年をめどに65歳完全支給へと段階的なアプローチをとっているところですから、50代前半の男性だと60歳で退職すると65歳まで年金を受け取れません。現在、雇用の延長が求められていますが、実際には60歳で退職し、再雇用という形で65歳まで働ける状況です。退職金の受け取りは60歳として、そこからの５年間の働き方によってその退職金に手をつけずにいられるかどうか決まってきます。そして、それがその後の大きな差になります。

60歳から65歳までの間にもう少し働くことができて、60歳で受け取った退職金や、それまでに作り上げてきた資産をその期間の生活費に充当しなくてもよくなれば、それは大きなメリットといえます。

そこで、どれくらいのメリットがあるのかを計算してみることにしましょう。すでに82ページ以降に説明をした「逆算の資産準備」の考え方を使って、ゴール時期の変更の意味を考えてみたいと思います。

月3万円で目標資産を確保する

50歳時点で1000万円の資産残高を持つ人が、60歳時点の2800万円をどう確保できるのか考えてみましょう。50歳で1000万円の資産というのも高いハードルかもしれませんが、それでも、60歳に2800万円を作り上げるにはそれなりに厳しい状況であることを理解する必要があります。

まずは、60歳時点で退職金を受け取ると仮定します。

2011年に実施した退職者8000人アンケートでは、退職金の平均値は1873・5万円でした。もちろん、住宅ローンの返済にも使うことを考えると、退職後の生活費のために全額を運用に充当するのは考えにくいところです。

そこでたとえば、退職金で投資を行った人のうち退職金の3割を投資に回した人が24・6%と最も多かったことから、ここでは便宜《べんぎ》的に約3割にあたる500万円を運用に回したと考えてみましょう。1000万円の資産を60歳までに2300万円に増やすことができれば、退職金と合わせて60歳時点で2800万円のゴールを達成できることになります。

そこで、60歳で2300万円を達成するために、毎月3万円ずつを積立投資すると考えると、運用収益率としては年率6％が必要になります。しかし、現状の投資環境では年率6％で10年間運用を続けるのはなかなか至難《しなん》の業《わざ》だといえそうですね。

それでは、収益率をその半分の年率3％で運用できるとしたら、積立額はどれくらい必要になるでしょうか。

ちょうど月7万円です。毎月7万円の投資を続けることが難しい場合には、年間で84万円の投資額と考えて、そのうちの一部をボーナスなどで組み合わせれば、なんとかなるかもしれませんよね。仮に24万円ずつをボーナスから年2回投資に回すことができれば、毎月3万円の投資でできる計算です。

ゴールを60歳から65歳に変更

ボーナスを投資に回すことが難しい場合には、ゴールを60歳に置くことをあきらめて、65歳に変更する効果を考えてみたいと思います。すなわち、50歳から退職する60歳までは月3万円で積立投資を行い、60歳で退職金から500万円を投資に追加拠出し、そのまま5年間追加の投資は行わないが、引き出すこともなく運用を続けるというプランです。60歳から65歳までこの資産から引き出すことがないという意味は、生活する資金として、その後の継続雇用を前提に、働いた報酬で資産を取り崩すことを避けるという考え方です。

その結果、「使いながら運用する」時代（年率3％運用で、残高の4％を引き出す時代）は、60歳からではなく、65歳から74歳までとして、75歳以降は毎月10万円の引き出しで95歳に資産が0円となると仮定します。もし、60歳から65歳までの5年間を引き出さないでそのまま年率3％で運用できたとすれば、60歳時点の必要金額は当初の計画より少なくて済みます。さらに、60歳の時点で500万円の退職金からの追加投資も想定すれば、60歳時点での資産はその分少なくて済みます。これを前提に検証をしてみます（図表22）。

50歳で約1000万円あり、毎月3万円の積立投資を行って年率3％で運用できれば、60歳時点で1757万円になります。これに退職金から500万円を追加すれば、2257万円が60歳時点の運用資産ということになります。まったく手をつけないで年率3％で運用を継続すると、65歳では2613万円に増えています。

この段階で、当初案の資産額とほぼ同額になりますので、ここからは同じ流れを継続することになります。75歳時点では2330万円ですので、目標の2400万円に若干届きませんが、こうして計算してみると、計画的であれば、そして60歳からあと5年働くことを前提にすれば、

図表22　ゴールを65歳に変えた効果

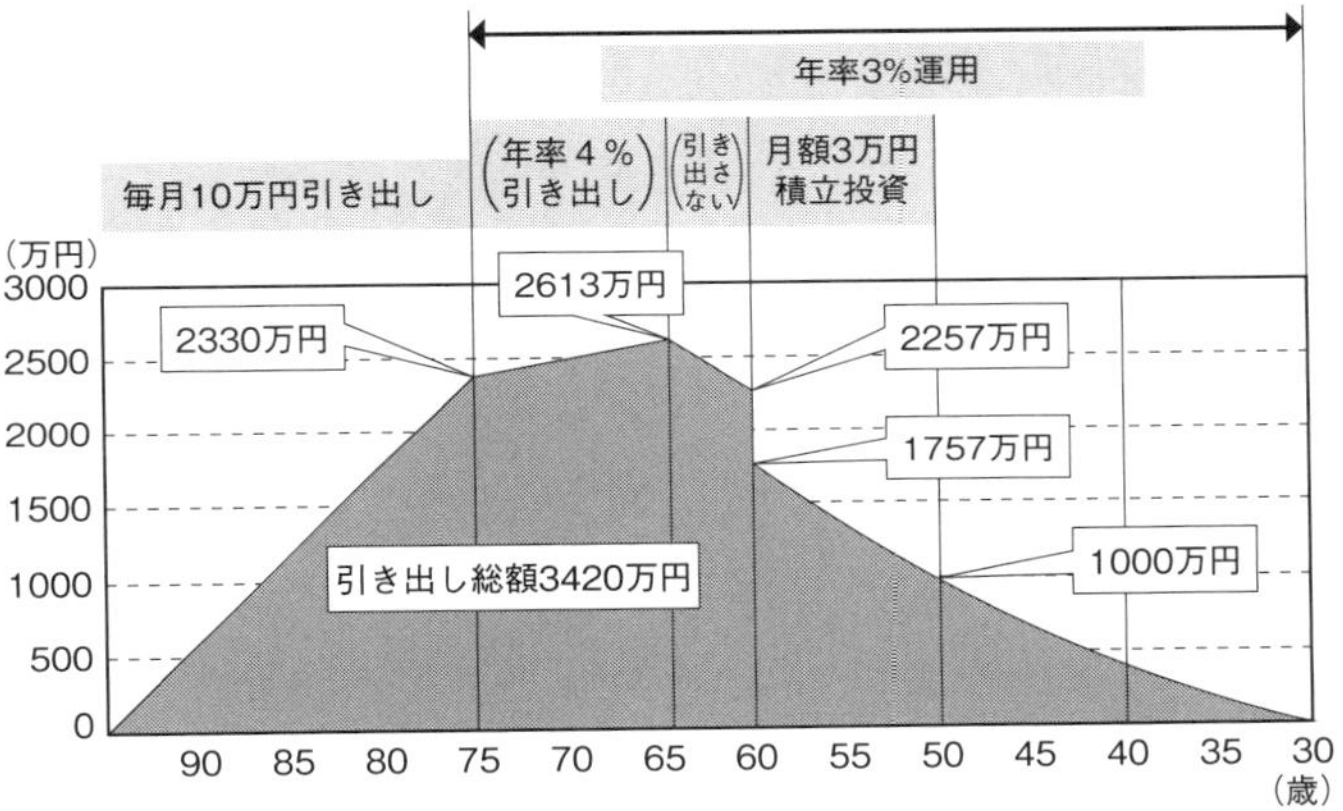

(注) 60歳で1000万円の残高。50代は月額3万円の積立投資のみを想定、60歳で退職金から500万円を追加、60歳から64歳まで働いて資産を引き出さないと仮定。手数料、税金は考慮せず。収益率などは年率を12等分して月次収益率として計算。このデータは、将来の収益を保証するものではない。
(出所) フィデリティ退職・投資教育研究所作成

「月額3万円の積み立てで年率3%の運用なら、ゴールを達成することができる」という算段がつきます。

ちなみに、勤労者3万人アンケートで何歳まで働きたいかと聞いたところ、「65歳くらいまで働きたい」と答えた方が26・1%と、最も高い比率になりました。この結果はいいことですが、その一方で、15・7%が「60歳くらいまでは働きたい」、17・7%が「できるだけ早く退職したいと思う」と答えており、合わせると33・4%になります。

目標資産額に到達させるなら、もう少し長く働くことを考えたほうがいいと思います。

ソリューションの2つの視点

少し脱線してしまいましたが、「50代のための資産運用20年プロジェクト」に話を戻しましょう。資産運用20年プロジェクトを実行するにあたって、考慮すべき2つの視点を挙げておきたいと思います。

第1は、60歳までの積立投資の時代に、2014年から始まった少額投資非課税制度（NISA）を十分に活用すること、第2に、退職金の運用で考えておきたい失敗しないための知恵、の2つです。それぞれをより深くみていくためにNISAの活用は第4章で、退職金の活用は第5章でまとめます。

DCへの4つの不満と解決策

その前に、NISAとDCの関係を整理しておきたいと思います。

2014年の勤労者3万人アンケートで、DCの改善要望点を聞いた結果、加入者の中からは、手続きの簡便化、中途引き出し制度の緩和《かんわ》、代行運用の仕組み、掛け金上限の引き上げなどが挙げられました。

ここで、そうした不満を少し解説してみましょう。

まずは、中途引き出しを認めてほしいという要望です。これは正規雇用でDC加入者の中では28・6％と3割近くになっています。

DC制度はあくまでも年金制度ですから、原則60歳までは引き出すことができない仕組みになっています。しかし、どうしても引き出す必要が生じる場合も出てきます。たとえば、住宅ローンの頭金が必要とか、病気などの入院費用を賄《まかな》いたいとか、女性の中には結婚で退職したらDCを続けられないとか。特に女性の加入者が少ないことは、結婚でDCの継続ができないのなら最初から入りたくない、といった意向も反映しているようです。

そのため、中途引き出しの条件をもっと緩和して、引き出しできるようにしてほしいという要望です。

中途引き出しよりＮＩＳＡの活用

しかし、これにはちょっと注意が必要だと思います。原則60歳まで引き出せないことで、退職に伴う資産形成に資金を固定できるメリットがあります。安易に引き出せるようになると、せっかくの退職後の資産形成が揺《ゆ》らいでしまう懸念があります。

もちろん、途中で引き出す必要が生じた場合に対応できない機動力のなさと、それを懸念して加入に躊躇《ちゅうちょ》する点は考えなければなりませんが、やはり退職後の資産形成の重要性を鑑《かんが》みると、退職に向けての資産形成を途中で断念させない強制力としての中途引き出しの制限は重視すべきだと思います。

その代わりに、引き出しが自由にできる少額投資非課税制度（NISA）との併用を推進することで、中途引き出しのニーズに対応できるように考えてみてはどうでしょうか。最初から引き出しの可能性のある枠に関しては、NISAを使ってDCとの併用を想定するのです。

老後の資金はDCで、途中の引き出しが必要になりそうな資金、たとえば結婚、入院、教育などといったものにはNISAを使うという考え方です。

掛け金引き上げの必要性

2つ目の不満は、掛け金をもっと引き上げるべきだというものです。

127ページにまとめましたが、やはり実質的な掛け金の引き上げは不可欠だと思います。すでに2014年は企業型DCだけ掛け金の上限が月額4000円引き上げられて5万5000円になります（2014年10月より）。ただ、5万1000円の際の平均拠出額は1万円程度ですから、単純に掛け金の上限を引き上げるだけではなく、企業の給与をベースにした掛け金の算定方法の見直しや、マッチング拠出の際に企業の掛け金が上限になる制約を取り除くなど、実質的な対策が求められます。

しかし、もし本人が上限以上に掛け金を増やす余力があるのなら、制度が変わるのを待つのではなくすぐにでも少額投資非課税制度、ＮＩＳＡを活用することをお勧めします。

ターゲット・イヤー・ファンドを

３つ目の、本人の代わりに資産運用をしてくれる仕組みがほしいという要望も、なんとか商品開発で対応できるのではないかと思います。本人に代わって行う運用、すなわち代行運用の導入は、ある意味で不思議な要望でもあります。

ＤＣのよさを聞くと、「自分の判断で運用できること」を挙げる人が多くいます。その一方で、自分の代わりに運用してほしいとの要望もあるのですから、矛盾《むじゅん》する意見といえそうです。

この要望に対しては、年齢に応じて自動的に資産配分の変更を行う「ターゲット・イヤー・ファンド」に投資をすることで対応できると思います。ターゲット・イヤー・ファンドとは、たとえば退職時など資金を引き出す年を事前に想定して、その引き出し時点までの資産の配分変更を運用会社に任せる投資信託です。２０１４年時点で24歳のサラリーマンが退職年を60歳と想定して36年間の運用を考えるとしますと、ターゲットは２０５０年です。その間、年齢に応じて運用する資産構成は変化させていくべきですが、実際にはなかなか難しく、前述のように代わりに運用してほしいということになります。

まだ投資期間の長いうちはハイリスク・ハイリターンを狙う資産を中心にして、徐々に安全資産の比率を増やし、2050年までに保有資産を自動的にすべて現金に換えてくれる投資信託があればいいわけです。

見方を変えると、投資信託の運用の中で自動的に、かつ、ある一定の理論を持って徐々に資産を安全な資産に移すことで、退職まで残り少なくなったところで一度に現金化するというような危険性を回避しようということです。引き出すための準備を時間をかけて進めるという投資商品です。

米国では、2006年の年金保護法で、DCの「デフォルト・ファンド」にターゲット・イヤー・ファンドが導入される件数が飛躍的に増えました。デフォルト・ファンドとは、DCの申し込みをする場合、特に選択をしなければ自動的に選ばれる商品のことを指します。パソコンのデフォルト設定（あらかじめ設定されているもの）と同じようなものだと考えるとわかりやすいかもしれません。

加入者は、自動的にその商品を最初に目にすることから、投資対象として選ぶ可能性が高まるわけです。日本でもデフォルト・ファンドを設定する企業がありますが、ほとんどが預金型または保険型の商品を用意しているようです。投資への誘因という面を考えれば、もったいない話だと思います。

図表23　DCの改善要望点

	全体 (1万278人)	正規雇用で DC加入者 (3765人)	正規雇用で DC非加入者 (3728人)	解決の一案
中途引き出しや積立資産からローンを受けられる制度などを設けてほしい	26.0%	28.6%	24.1%	DCは退職後の資産形成用として位置付け、中途引き出しの代わりにNISA（少額投資非課税制度）を活用
掛け金の上限をなくすか、もっと引き上げてほしい	20.2%	26.2%	17.0%	非課税限度額の引き上げのほか、マッチング拠出の有効利用、ならびにNISAへの拠出も含めた総合的な非課税貯蓄を推進
本人の代わりに資産運用をしてくれる仕組みがあると良い	27.5%	28.9%	27.6%	ターゲット・イヤー・ファンドなど、年齢に応じたリアロケーションを可能にする投資商品を活用
手続きを簡単にしてほしい	38.1%	34.8%	39.8%	
店頭でいろいろな手続き・相談ができると良い	14.0%	12.0%	14.7%	
いろいろな運用商品を入れてほしい	19.3%	21.2%	19.3%	
制度の加入対象者（加入資格）を拡大してほしい	19.6%	9.7%	23.9%	個人型DCの使い勝手の向上

（注）勤労者３万人アンケートの対象者で、「DC制度を知っている」と回答した1万278人に追加質問を実施。リアロケーションとは、ライフステージに合わせて資産配分を見直すこと。
（出所）フィデリティ退職・投資教育研究所、勤労者３万人アンケート、2014年4月

公務員や専業主婦にもＤＣが必要

要望として最後に注目しておきたいのは、制度の加入対象者を拡大してほしいとの要望が、ＤＣを知っていながら加入ができないサラリーマンから多く寄せられていることです。

現状では、ＤＣは公務員と専業主婦には加入する権利がありません。より多くの退職後の資産を形成するチャンスを用意するという発想からすれば、こうした公務員４４２万人、専業主婦（国民年金の第３号被保険者）９７８万人にも、個人型ＤＣをうまく使えるように工夫する必要はあるでしょう。

Workplace NISA という考え方

いろいろな面で、ＤＣとＮＩＳＡが相互に補完できる可能性があることを指摘してきました。実は、ＩＳＡの母国である英国では、２０１１年くらいから、企業年金とＩＳＡを相互補完的に使って従業員の福利厚生として役立てようとする Workplace ISA（企業で働く人のためのＩＳＡ）という発想が登場してきました。

英国では２００６年から年金の改革に着手していますが、その趣旨は、「公的年金では国民の老後をカバーできないので、国民に自助努力を求める」というものです。そのために税制優遇を大きくつけて、個人の資産から年金資産に資金を移す機運を高めてきました。実際２０１１年には、個人の資産を年金資産に移す場合、年間25・５万ポンドまでならその分の所得税が非課税扱いにできるほどでした。

25・５万ポンドといえば1ポンド＝１７０円として、４３３５万円という大きな金額です。それまでたとえば、住宅を購入する資金として普通の口座に持っていたものの「住宅購入の結果、残った資産10万ポンドを、この際、年金資産に移そう」となれば、その金額10万ポンドの所得税相当分、20％であれば２・５万ポンドが、政府が追加で本人の年金資金口座に拠出するという制度です。

この結果、この人は年金資産にこの年、12・５万ポンドの資金が追加されたことになるわけです。

しかし、この制度も２０１１年で終了し、その後は5万ポンドに引き下げられました。もちろん、５万ポンドでも日本円に換算すると８５０万円ですから、日本と比べて高い水準ですが、５分の1への大幅引き下げで企業は従業員の福利厚生として対策が必要になりました。年金だけで足りないと考える従業員に対してＩＳＡの補完的、優遇提供を行うこと、これが、Workplace ISA なのです。

日本では、何度もみてきたとおり、企業年金としての現状のＤＣでは、とても従業員の退職後

図表24　DCとNISAの比較

	DC	NISA
対象者	制度採用企業、自営業者（潜在対象者数5355万人）	20歳以上の居住者（潜在対象者数1億434万人）
加入者	企業型497.1万人、個人型18.8万人（2014年5月現在）	650.4万人（2014年3月末の口座開設者数）
非課税のメリット	投資時点非課税、投資期間中非課税、引き出し時課税	投資時点課税、投資期間中非課税、引き出し時非課税
非課税対象金額	企業型：最大月額5.5万円。個人型（国民年金基金との合算）：6.8万円	年間100万円
引き出しの自由	60歳まで原則引き出し不可（最大65歳）	いつでも売却が可能
非課税期間	受給時点まで	投資を開始した年を含む5年間

（出所）フィデリティ退職・投資教育研究所作成

の生活を保持できるほどの資金を作り上げることができません。英国よりももっと深刻に、従業員への福利厚生の一環として、DCに併せてNISAを提供するという考えが必要になっていると思います。Workplace NISAこそ、日本の企業従業員にとって必要な対策なのではないでしょうか。

DCと夫婦のNISAで資産形成

DCの制度が実質面で緩和され、月3万円の拠出が平均的に行われるようになったとして、これを年率3％で運用できれば、30年後には1750万円強の資産になります。これに、NISAで毎年少しずつ積み上げてロールオーバーを重ねていった資産が、最後の5年間では累計の非課税投資総額ベースで500万円になっていたとします。この2つを合わせれば、非課税の資産額は2250万円となりま

図表25　DC加入者の投資リテラシー

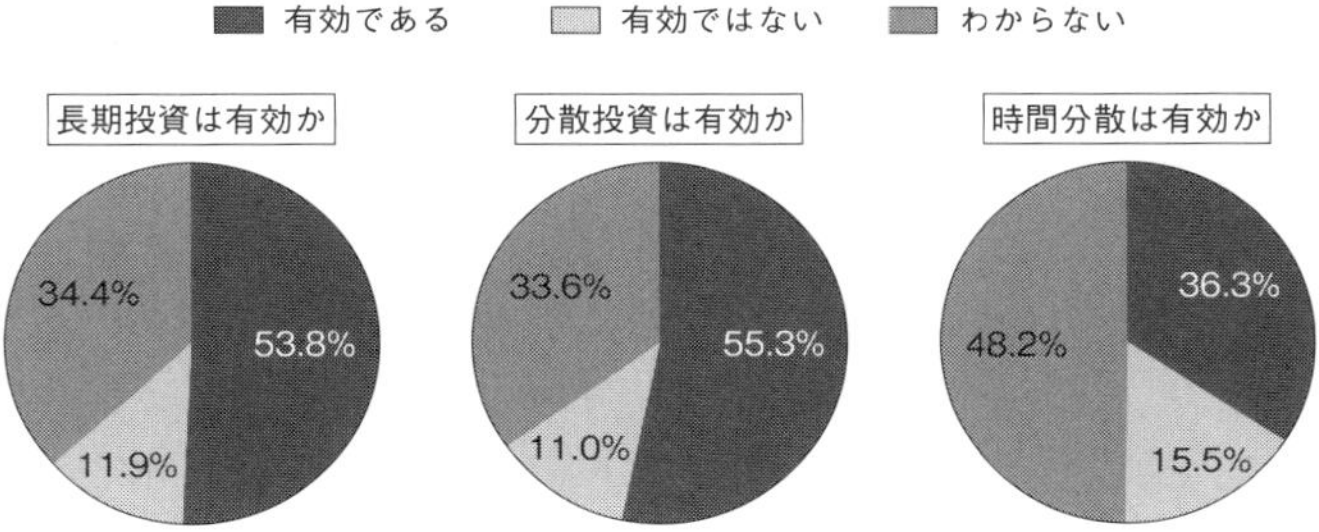

（注）正規雇用の会社員でDC制度に加入していると回答した5076人が対象。四捨五入のため合計が100%にならない場合がある。
（出所）フィデリティ退職・投資教育研究所、勤労者3万人アンケート、2014年4月

す。夫婦でＮＩＳＡを使っていれば、さらに５００万円上積みでき、２７５０万円の資産を非課税で作り上げることができるわけです。

こうなれば、すでに説明してきた「逆算の資産準備」で必要となる金額にほぼ到達できることになります。もちろん、退職金のうちいくらかでも老後の生活に回せれば、さらに大きな資金を用意することができるのです。

ＤＣでも時間分散に理解不足

ＤＣ加入者の課題は、相対的に投資リテラシーが高いといっても、積立投資の効用を最も説明できる「時間分散」への理解が、「長期投資」や「分散投資」よりも大きく劣っていることではないでしょうか（図表25）。ＤＣ、ＮＩＳＡはともに若年層にとって、非課税で積立投資ができる有効な枠組みであり、積立投資

への理解が不十分であることは、せっかくの有効活用にブレーキをかけることにもなりかねません。この点は、投資教育面の課題といってもいいでしょう。

第４章　少額投資非課税制度、ＮＩＳＡの年代別活用法

２０１４年の正月はロンドンで

２０１３年の暮れから２０１４年のはじめにかけて、アイルランドと英国に家族で旅行に行きました。アイルランドにいる知人家族に25年ぶりくらいに会うのが目的でしたが、家族で出かけられたことだけでなく、仕事でも大いに関係のある英国に再び訪問できたことで印象に残る旅行になりました。

２０１４年の元日は、アイルランドの第２の都市、コークの空港近くのホテルで、家族・親族だけで質素に乾杯をして迎え、元日早々にロンドンに飛びました。２０１４年1月1日は飛行機に乗り、そして英国ロンドンで過ごしたわけです。「一年の計は元旦にあり」といいますが、２０１４年も出張が多いわけはここにありましたし、また私の仕事にとって大きな影響のあるニーサ（ＮＩＳＡ、少額投資非課税制度）の導入の年の正月をロンドンで過ごすことにもなりました。

そのＮＩＳＡの導入の年、２０１４年は私の活動にとって記念すべき年です。資産形成のための新しい税制優遇制度であるＮＩＳＡが導入されたことで、これからの私たちの資産形成に大きな変化が訪れる可能性があるからです。個人的には、これまで5年近い年月、ＮＩＳＡをなんとか導入できるようにと働きかけてきましたから、一応の達成感はあります。

もちろんこのＮＩＳＡは、当初から紆余曲折《うよきょくせつ》が非常に多く、結果として正直とても手放しで喜べる制度内容にはなりきっていません。その点で残念なところが多いのですが、まずは投資に対する非課税制度が導入されたことが大切ですし、また多くの関係者が制度の拡充に前向きなのも救われるところです。

多くの投資家は、２０１３年12月で終わった10％の優遇税率のほうがよかったと反論されるのではないでしょうか。確かに、売買のごとにかかる税率が、どれだけ売買しても一定の優遇税率になるのは、資産を持っている人が投資を繰り返す場合にはいいかもしれません。

しかし、今から資産を作り上げていこうとする若い人たちにとっては、大きな金額でなくてもいい、税率が０％のほうがいいに決まっています。実際、年間で１００万円を投資できる現役世代の人はそれほど多くないはずです。この点で、ＮＩＳＡは資産形成を考える若い世代にとっては理《り》に適《かな》っている制度といえます。

もちろん、非課税期間が5年で、制度そのものが10年で終わるという今の２つの期間制限は、若者の20年、30年を見据《みす》えた長期投資にはそぐわないものです。このことは、金融庁など当局の関係者の方々も改善に前向きです。最終的に、ＮＩＳＡの「恒久化」をなんとしても実現させなければと考えていますから、こうした声を私たちが上げ続けていけば、それほど遠くないうちに

「恒久化」への道筋がみえてくると、私は信じています。

ＮＩＳＡの参考となった英国のＩＳＡ、Individual Savings Account（個人貯蓄口座）も、当初は10年間の制度でスタートし、途中で恒久化が実現し、今では２４００万強の口座、国民の半分弱が口座を有するまでに普及した巨大な制度となりました。英国での出張調査の時に、英国財務省や歳入関税庁のスタッフが「低所得者層にも受け入れられたＩＳＡのブランドをけっして傷つけてはならない」と力説していたことは忘れられません。ＮＩＳＡも10年の制度が切れる前に恒久化にこぎつけ、大きな制度に育てていく必要があります。

２度目のロンドン行き

２０１４年３月24日月曜日の夕方、私はロンドンに着きました。わずか３ヵ月の間に２度目のロンドンです。今度は仕事で、その週の４日間、ロンドンでＩＳＡ関連の調査をするのが目的でした。

英国の個人の課税年度末は４月５日です。そのため、ＩＳＡも４月５日が年度末で、それに向けて各金融機関が広告を集中させる、いわゆる「ＩＳＡシーズン」となります。年間の拠出限度額があって、年度が替わると前年の拠出額のうちの使わなかった分が無効になるので、各社とも「Use it or Lose it」のキャンペーンを行います。「使わなければ損ですよ」という意味で、年度末の4月5日を意識させながらの一大キャンペーンが繰り広げられるのです。

余談になりますが、4月5日は私の誕生日でして、これもＩＳＡとの因縁《いんねん》を感じるところです。

それを意識して、3月の最終週を選んで訪問したのですが、ちょうどその前週、3月19日に、英国財務省が２０１４－２０１５年度（7月～翌年6月まで）の予算を発表し、そこに個人の資産形成・資産活用に大きな影響を与える２つの改革が含まれていたことから、私の予定は大きく変更されることになりました。

通常、こうした大改革は、事前に業界とのコミュニケーションを十分にとってから発表するものらしいのですが、今回に限っては財務大臣の予算演説の1時間前に電話で連絡が来ただけで、しかもその内容は非常に大きな変化をもたらすものでした。それだけに、フィデリティのロンドンのオフィスも大騒ぎだったと聞かされました。きっと、ほかの金融機関も同じような事態だったのではないでしょうか。

私の初日のスケジュールは当初、ロンドンのオフィスで新たに加わったチームとの関係構築が中心だったのですが、まるまる一日をこの制度改革の意義や影響の説明と議論に費《つい》やすことになってしまいました。しかしそれはまた、この改革の持っている意味の大きさと日本への示唆《しさ》の計り知れなさも実感させられることにもなりました。

15年目の大改革、New ISA

ひとつ目の大改革は、導入15年目にあたるISAの拡充と自由度の向上です。2014年7月から大改革を経て、ISAは、「NISA」と呼ばれるようになりました。New ISAという意味ですが、日本のニーサと同じ綴《つづ》りのNISAになったわけです。ただ、発音はナイサで、日本のニーサとは違います。もちろん内容は、さらに日本とは大きく異なったものに一歩進むことになりました。

まず、年間拠出額が、前年よりも3割程度引き上げられて1万5000ポンドとなりました。1ポンド＝170円で換算すると、255万円、夫婦2人で510万円にもなる非課税投資が可能になったのです。さらに、これまで2種類の口座、すなわち預金型と株式型がありましたが、これも実質的に一本化され、使い勝手が増すと思われます。

これだけではあまり理解されにくいと思いますので、ちょっと制度の細部に入って説明しましょう。改革の趣旨を理解していただくためにしばらく辛抱してください。

2014年4月5日までの年間の拠出額は1万1520ポンドでした。株式型ISAと預金型ISAの合計で、1万1520ポンドまで投資できるのですが、もうひとつ上限ルールがあって、預金型ISAは最大でもその半分までとされており、この例でみると5760ポンドまでということになります。これが実質一本化されたことで、預金型ＩＳＡでも、７月以降１万５００0ポンドまで拠出できることになります。

単純に預金型ＩＳＡの上限を比較すると、２０１４年４月５日までの上限５７６０ポンドが２0１4年7月1日以降1万５０００ポンドへとほぼ3倍に引き上げられたことになります。

英国財務省の統計によると、これまで預金型ＩＳＡの上限まで拠出していた人は５００万人いるとのことで、この人たちがさらに拠出を、しかも大幅に増やすことができるとすれば、かなり大きな規模の資金移動が起きるはずです。ちなみに、株式型ＩＳＡを拠出上限まで投資していた人は１３０万人と推計されており、こちらも3割の上限の引き上げで、大きな投資資金が動く可能性があります。

さらに2つの口座が実質一本化されるということは、資金移動も自由に行えるようになるという意味でもあります。従来、預金型ＩＳＡから株式型ＩＳＡへの資金移動は認められていましたが、その逆はできませんでした。たとえば「一度、株式型ＩＳＡに拠出上限いっぱいの金額1万１５２０ポンドを入れて、それを預金型ＩＳＡに移すことができれば、預金型ＩＳＡに５７６０ポンドの上限を設けていることの意味がない」というのが、これまで認められなかった理由でした。拠出上限が一元化されたことで資金移動を制限する理由がなくなり、株式型ＩＳＡから預金型ＩＳＡに資金が移せるというわけです。

いや、そもそも預金型／株式型の概念がなくなりますから、ひとつのＮＩＳＡ口座で保有されている資金の投資先が変わるのと同じことになるわけです。

これがどんな意味を持つと思いますか。

実はこれまで、金融業界は株式型から預金型への資金シフトを認めるべきだと主張してきました。基本的には自由な制度設計を担保《たんぽ》すべきだという理念が背景にありますが、高齢化が進む先進国では、退職で資金を一気に現金化するわけにはいかなくなり、退職後も資産運用を続け、徐々に引き出し、徐々に資産配分を保守化させていく必要があります。その時に、ＩＳＡの中で株式から預金に資金シフトができないのは大きな問題だと指摘してきたのです。

そう考えると、今回の口座の実質的な一本化で、ＮＩＳＡは投資家の高齢化に対応する非課税投資制度の柔軟性をも得たことになる、といえるわけです。

ＤＣ引き出し改革のインパクト

２つ目の改革は、ＤＣ（確定拠出年金）の引き出し条件に関する簡素化です。こちらの改革は、日本ではまったくといっていいほどに報じられていません。ＮＩＳＡが登場したにもかかわらず、Ｎｅｗ ＩＳＡのこともあまり報じられていませんから、致し方ないのかもしれませんが、実は英国現地では、Ｎｅｗ ＩＳＡよりももっと大きな話題になっていました。

最近の英国は矢継《やつ》ぎ早《ばや》に、しかもかなり画期《かっき》的な退職後資産形成のための支援策を打ち出してきました。

最も注目されたのは、２０１２年10月にスタートしたＮＥＳＴ、National Employment Savings Trust（国家雇用貯蓄信託）でしょう。これはＤＣの新制度で、原則22歳以上65歳未満（女性は60歳未満）の国民で、８１０５ポンド以上の年収がある人が対象です。全事業主にＤＣの導入を義務化し、それができない事業主は、このＮＥＳＴに従業員が加入できるようにすることが求められます。

計画では、従業員の多い企業から始まって、新規設立の企業でも２０１８年２月には全事業主が適用対象となる予定です。この時点で、勤労者すべてがなんらかの形でＤＣに加入することになるわけです。

対象者はすべて自動加入させられ、加入したくない場合にのみそれを自己申告する、オプトアウト方式を採用しています。しかも、加入しない旨《むね》の自己申告をしても3年後にはまた自動的に加入することになり、それでも加入したくなければ、脱会を再度自己申告する必要があります。この制度は行動経済学に基づいた、個人の退職後資産の形成を強力に後押しする施策で、２００６年の米国における年金保護法で導入された自動加入制度をより広範に活用しています。

今回の大改革は、こうして作り上げてきたＤＣ資産に関する引き出しを簡素化・自由化しようとするものです。英国のＤＣ資産の引き出しは、基本ルールとしてＤＣ資産の25％までは非課税で引き出しが可能ですが、残りの75％に関しては引き出す時に課税されます。

ただ、その75％の引き出しに関して、資産規模や年齢等でいくつも特例があって、かなり複雑です。細かい説明をするのがこの本の目的ではありませんが、ひとつだけ大事な点は、これまでAnnuity、日本でいえば**「終身年金」**みたいなものだけは、購入するために引き出した金額は全額課税繰《く》り延《の》べされるという特権のようなものがありました。Annuityは、その年金から毎年引き出す時にその引き出し額を所得として課税することですから、非課税ではありません。しかし課税を繰り延べ、しかも少額で引き出しますので、所得税率も低い水準で済みます。

ほかにも、ＤＣ資産からそのまま毎年少額を引き出すプログラムがありますので、それを使えば同じような効果が期待できるのですが、それでも実際は、退職する人の４分の３はAnnuityを購入しています。

さて、今回の改革では、このAnnuityに対する同様の課税繰り延べ措置が、ほかの金融商品でこうした引き出しを念頭に置いたものであれば適用されることになるわけです。これは、Annuityの特権を剥奪《はくだつ》して、類似金融商品の開発を促《うなが》す政策とみることができます。

この実施は２０１５年４月を想定していますが、今後、新しい「退職後資産の引き出しを可能にする」商品がいろいろと開発されるのではないでしょうか。非常に楽しみですし、また英国より高齢化の進んでいる日本にとっては参考となるのではないでしょうか。

ところで、英国のＤＣ資産は、平均で１人２万５０００ポンドから３万ポンドくらいだといわれています。１ポンド＝１７０円で換算すると、４２５万円から５１０万円といったところですが、それほど大きいというわけではありません。それにこの金額だと、今回のＮｅｗ ＩＳＡでの改革で、１万５０００ポンドに引き上げられた拠出上限を使えば、２〜３年でＤＣ資産をＮＩＳＡに移し替えることもできます。もちろん引き出した時点では所得課税されますが、より自由な運用と資産の入れ替えができる自由度を持てるわけですから、これもひとつの選択肢になると思います。

英国の大改革に学べ

英国の大きな変革から、私たちは何を学ぶことができるのでしょうか。

私には、資産形成・資産活用の世界では、多くの対立する考えが存在しているように思えます。今回の改革は、その意味をより考えさせてくれるものではないかと思います。その視点に立つと、日本への示唆、私たちへの学びになると思います。

対立する考えとは、たとえば自由化と自動化、拠出と引き出しといったことです。

自由化と自動化。最近の退職後の資産形成には大きなトレンド、すなわち自動化の流れがあります。前項のＮＥＳＴのところでも説明しましたが、これは、自動加入からさらに進んで、給与からの拠出率を自動的に引き上げる拠出率自動引き上げといった、加入者の裁量を極力排除する考え方です。米国で２００６年に成立した年金保護法では、明確に行動経済学の知見を使って、「惰性に流される人間の行動を制御し、資産形成につなげる自動化が必要」との前提に立っています。

しかし、その一方で自由化とか、自由度の高い制度設計といったことも重視されています。今回のＤＣ資産引き出しの簡素化は、引き出しの機動性を高めることにその主眼が置かれています。ＩＳＡももともと自由度の高さが評価されていましたが、今回の改正でさらにその機動性が増しています。

こうした自由度の向上、機動性の向上は、自動化とは逆の動きのようにも思えますが、なぜこうした対立した考え方が退職後の資産形成・資産活用に多用されるのでしょうか。

私自身を振り返って考えてみたいと思います。若い頃はほんのちょっとのお金でも生活に回したいと考えていました。特に独身だった頃は、まさしく少しでもお金があれば使うほうに回っていたと思います。

そんな時にはやはり、自動化がなければ資金は絶対に将来の資産形成などという方向に回らなかったと思います。いや、実際に回っていませんでした。せいぜい財形とか持ち株会で給与天引きしかしていませんでした。持ち株会も、最初に勤務したのが証券会社だったから、先輩の半分強制のような一言で加入したような気がしています。なかなか自分から自主的にはできないものです。

大仰《おおぎょう》な制度の話をしましたが、こうした給与天引きは最も簡単な自動化のスタイルですから、実は「先輩の一言」の代わりになるのが「政府のルール」という程度に考えれば、この自動化という仕組みも理解しやすいのではないでしょうか。

しかしながら本来は、いやいや加入するよりも、ある程度その必要性を理解して、そのうえで自分の意思で資産形成を始めるのが望ましい姿でしょう。人間は惰性に流され、将来の効用よりも目先の効用を求めるという非合理な行動バイアスがあるといわれています。しかし、それを乗り越えて知性で動けると、さらに運用の効果が高いものになるように思います。

自由化や機動性の向上は、そうした効用を理解した人たちにとって喜ばれる施策だと考えられます。たとえば、将来のリスクをしっかりと認識できた時には、自動加入よりもより大きな資金で、より効果を最大限に発揮《はっき》できるように準備を進められるのではないでしょうか。

他人事ではない退職後の資産形成

今、私は55歳となり、親の年齢や生活をみる時、自分たちのことで子供に迷惑をかけないようにしたいと心底思っています。現在は、私と妻の退職後の生活資金と妻が一人になった時の生活資金を別の口座にして増やしていこうとしています。こうした方向に進み始めたのは10年くらい前からですが、やはり今の仕事で高齢者の現状をみるにつけて、「他人のことも心配だが、自分のことも考えないと」という気持ちが大きくなってきたことがあると思います。

自由度・機動性を高めることで自主的な参加者を増やし、その一方で、自動化で広くあまねく資産形成に参加させるという組み合わせが必要なのです。

翻《ひるがえ》って、日本をみると、自動化の最たるものは公的年金でしょう。有無をいわさず国民全員が加入する資産形成システムです。ただ、その制度が賦課《ふか》方式の世代間扶養《ふよう》であることから、現役が減り、高齢者が増える超高齢社会では、設計そのものに持続力への大きな懸念が強まります。

一方、企業年金もやはり、超高齢社会と低金利が続く中で従来の確定給付型の企業年金では持続性に課題があります。代わりに登場して10年以上が経過しているＤＣは、制度として使えるもののまだ加入者は５００万人程度で、広くあまねく資産形成に参加させるという制度にはなりきれていません。

現状で唯一といっていいほどの選択肢になっているＤＣをもっと広く普及させるために、専業主婦や公務員にも対象を広げ、制度が未導入の企業へは強制的に加入を求める制度変更が必要になっていると感じます。

また、自由度・機動性の向上ということでは、２０１４年にスタートしたＮＩＳＡが挙げられます。ＮＩＳＡは本来、自由度・機動性が高い制度ですが、残念ながらまだまだその制度の本来の力を制約するような条件（たとえば5年の非課税期間とか、10年の制度設計期間など）があって、中途半端《ちゅうとはんぱ》です。これを早く改善し、資産形成への自主参加型の制度も用意することが不可欠だと思います。

自動化と自由化、ＤＣとＮＩＳＡ

こう考えると、ＤＣとＮＩＳＡの組み合わせは、自動化と自由化の組み合わせだとみることができます。よい組み合わせだと思いますが、いずれも日本ではまだ制度自体が不備なことから、まだ本領発揮には至っていません。

ちょっと繰り返しになってしまいますが、ＤＣ制度の改善点として、最も多く指摘されているのが「ＤＣ資産の中途引き出しをできるようにしてほしい」というものです。確かに、住宅の購入や結婚、病気・入院等必要な時に資金を引き出せるほうがいいし、その分加入できる気楽さも高まると思います。しかし、自動化を進めるべき対象で中途引き出しを認めてしまっては、何のための資産形成への強制力かわからなくなる、という面もあります。

私は、認めるべきではないと思っていますが、それと同時に、そうしたニーズに応えるべく、NISAを企業が積極的に従業員に紹介する仕組みがあればいいだろうと思っています。NISAは自由度が高いので、住宅用とか、結婚資金とか、教育費とか、もちろん老後資金とか、DCとは別の目的のポケットとして活用すればいいのです。

英国でISAの投資家にヒアリングをするチャンスがありましたが、年金とうまく併用していることを紹介してくれました。年金は退職まで引き出せないものの、ISAは引き出しが自由なだけ、住宅資金や子供の教育資金に使っているという実態や、「年金は長期投資なので多少リスクが高くてもリターンの高いものを組み入れ、ISAは投資期間が短いのでより確実性の高いものを選ぶ」とか、逆に「年金は安全度の高いもので、NISAは機動性が高いのでトレンド投資をする」といった運用の考え方まで目を見張る話ばかりでした。

さらに、2011年くらいからは、企業が年金の補完としてISAを従業員に紹介し、その分、従業員は手数料やWebでのサービスに優遇を受けられるWorkplace ISAと呼ばれるサービスが始まりつつあることも知りました。給与天引きでISAを行うのは、DCと並べて活用できることですし、金融機関のサービスとしてその資産構成などもWeb上で一体としてみることができるようになっていれば、まさしくDCの一部を引き出しているような扱いになるわけです。

ジュニアＮＩＳＡの導入

64ページの、40代のトリレンマ世代のところでも言及しましたが、英国には Junior ISAという子供のための資産形成の非課税制度があります。２０１１年に導入されたばかりの新しい制度ですが、ＩＳＡとともに注目できる制度だと思います。

Junior ISA は、18歳未満の子供が自分名義で持てるＩＳＡで、年間の非課税拠出限度額は２０１４年7月から４０００ポンドに引き上げられました。この口座に拠出された資金は、名義人である子供が18歳になるまで引き出すことはできず、子供は18歳になって通常のＩＳＡに資金を移管して初めて引き出せるようになります。

途中での引き出しは、子供が亡くなった時か重篤《じゅうとく》な病気になった時だけ認められるという厳しい制限があります。それだけ厳格にすることで、資金の使途《しと》を子供の教育費に向けさせようとしているわけです。

新生児でも口座を作れることから、口座の名義は子供本人ですが、運用は親が行うことになります。また資金拠出は誰でもできますので、たとえば、祖父母が資金を拠出して親が運用の責任を持ち、名義は子供ということもできるわけです。

まだスタートして日が浅い制度なので、使い方のアイデアはこれからいろいろ出てくるかもしれませんが、ロンドンで Junior ISA に資金拠出した人に取材したところ、「知人の子供のゴッドファーザー（名付け親）になって、その時に Junior ISA に資金をプレゼントしたよ」といっていました。

それまであった「チャイルド・トラスト・ファンド」と呼ばれる、すべての新生児に政府が資金を拠出して運用口座を設けさせ、教育費の補助にするという制度からみると、その後継制度である Junior ISA は資金拠出できるほどの家計にしか恩恵《おんけい》がない点で普遍的なものではないともいえます。しかし、子供の教育費を用意するための税制優遇制度が何もない日本からみると、非常に有意義な制度でもあります。

特に私は、3つの点で注目しています。

子供の高等教育に関する費用を早いうちから準備することは、晩産化の傾向が強まる中で、トリレンマ世代の抱える問題の解決には不可欠な施策だといえます。そのために日本でもこうした非課税制度を導入することは、時代の変化に合わせた必要な制度設計といえます。

ただ日本のＮＩＳＡは20歳からなので、大学入学費用を捻出するための18歳をターゲットにジュニアＮＩＳＡを導入しても2年間のギャップが残りますから、この点は少し考慮が必要になります。

2つ目は、拠出を親以外にも認めることで、資産の世代間移転にも寄与《きよ》することが期待できる点です。60歳以上に資産の6割が偏在しているといわれる現状では、「孫の教育資金のため」という動機付けは資産の大きな移転エネルギーになります。さらに、祖父母だけでなく親族や知人でも世代間の資産移転に寄与する制度になれば、力は大きくなるでしょう。その結果、最長18年の長期投資が可能になるわけで、経済全体としてもより長期の資産運用に資するための原資ができる点を評価することができます。

3つ目は、投資家を早い時期から育成する手段となり得る点です。新生児からというわけにはいきませんが、子供とこの口座の意味について親と話ができるチャンスが生まれ、投資教育の発端にすることができます。

もちろん口座は子供の名義ですから、所定の年齢になれば自分で引き出したり、運用できたりするようになります。大学入学用に引き出すとすれば、その資金をどうやって作り上げてきたのかに思いを馳《は》せることもできるでしょうし、そのまま自分の資産として運用を続けることもできるわけです。

拠出面では自由化が多いに盛り込まれ、引き出しという点では制限（自動化）が厳しく存在する制度がJunior ISAといえます。

拠出と引き出し、周回遅れの議論

自動化や自由化は、資金の拠出面でよく聞かれる議論です。ただ今回、英国の大改革を聞いて感じたことは、すでに英国では引き出しの議論に移り始めている、という現実です。

人生でお金との向き合い方を大きく分けるとすれば、それは積み上げる時代と取り崩す時代でしょう。そして、その分水嶺《ぶんすいれい》が退職ということになります。少しずつ積み上げること、拠出することを英語ではAccumulationといいます。これに対して、徐々に取り崩すという言葉は実は存在していなかったのですが、最近、金融業界ではDecumulationという言葉で表現するようになってきました。

米国の２００６年の年金保護法は資産形成に大きなインパクトを与えましたし、英国でもＮＥＳＴの登場で資産形成への制度の建てつけが整い始めています。それを受けて英国は今回、ＤＣ資産の引き出しにも改革を加える予定です。また米国では、Longevity risk（長生きリスク）がことさらに指摘され、50代以上の関心事のトップ３には「いかに引き出すか」が含まれているといいます。

すなわち英米ともに、すでに拠出に関する制度設計から引き出しの制度設計へと視点が移りつつあるのです。

英国、米国よりも高齢化のスピードが速く、しかも高齢化の水準も比較にならないほど高いのが日本です。日本の60歳女性は、5人に1人が96歳まで生きる時代になっています。にもかかわらず、まだ日本では引き出し側の議論どころか、拠出側の議論さえ整理がついていません。周回遅れとなっている現実には愕然《がくぜん》とするしかありません。

しかし、ため息をついている余裕はありません。世界で最も高齢化率の高いのが日本です。のんびりしてはいられません。まずはできることから、「自分の身は自分で守る」くらいの気持ちで資産運用を始めるべきだと思います。

ＮＩＳＡで積立投資に〝気づき〟

そんな中、日本でも、２０１４年1月から少額投資非課税制度、ＮＩＳＡがスタートしたわけです。現役世代でまだ投資をしたことがない方も、テレビコマーシャルなどで言葉だけは聞いたことがあるのではないでしょうか。各地でセミナーを実施してきましたが、参加者の中には「投資って少額からでもできるんですね」といった気づきを持たれた方もいらっしゃいます。

たいへんうれしい声だと思う一方で、「１００万円が少額だ」と考えて名づけた「少額」投資非課税制度が、その言葉から来るイメージによって、実は「投資はもっと少ない金額でもできるもの」ということを知らしめることになるとは、思いもしなかった効果です。

すでに投資をされているみなさんには、今さらながらのことかもしれませんが、「少額からでもできる投資」の最たる方法は、投資信託を使った時間分散、すなわち毎月一定額で投資信託に継続的に投資をするといったアイデアです。その効用を一言でいえば、「値段が安い時にたくさん買って、高いところで少なくしか買わないことで投資商品の購入の効率化を図る」ということでしょう。

税制優遇制度をもっと使おう

積立投資は、投資の平均単価を引き下げ、投資の効率性を高めるものです。これは111ページで説明したとおりですが、だとすれば、これを非課税制度を使って実施できれば、さらに有利な投資が行えるはずです。

たとえば、DCは毎月一定額を給与の中から積み立てるものです。表面上、企業が年金制度に拠出する形態をとっていることから、自分の給与の一部との意識はあまりないようですが、本来、これは私たちのお給料の一部が拠出に充《あ》てられているものなのです。企業によっては、年金に拠出するか給与の一部として受け取るかを選択できるところもあるくらいです。

言い換えると、「私たちの代わりに会社が、私たちが選んだ金融資産に給与の中から毎月一定額を投資する」という制度なのですが、拠出する金額は全額所得控除されていますし、もちろん収益には課税されませんので、実態を知れば知るほど非常に税制上、有利な制度になっていることがわかります。

ただ、企業がＤＣを企業年金として導入していないと、私たちはその恩恵には浴《よく》せません。自営業者や一部民間企業に勤めているサラリーマンなどは個人型ＤＣが使えますが、３７００万人くらいいるといわれている対象者のうち、加入しているのは18万人強、わずか０・４％です。ほとんどその存在が知られておらず、使われていないのが実態です。

そのほかにも国民年金基金など所得控除を受けられる制度もあるのですが、いずれもあまり使われていないのが実情です。残念なところです。

20歳以上なら誰でもＯＫ！

ＤＣでもうひとついわれるのが、専業主婦と公務員がその対象になっていないことです。せっかくの制度ですが、合わせて１４００万人くらいの方が対象ではないのも、もったいないことだと思います。

これに対してＮＩＳＡは、20歳以上の日本に住んでいる人であれば誰でも対象となるので、１億人くらいがそのメリットを享受《きょうじゅ》できます。その点では使い勝手がいい制度だといえます。もちろん、所得控除がないこと、毎年の上限が１００万円と決められていることなど、ＤＣと比べ

図表26　個人の自助努力を助ける資産形成制度

個人の自助努力を支える制度	その特徴
企業型DC	2001年の確定拠出年金法の施行でスタート。掛け金は企業が拠出し、加入者が年金資産を自分で運用し、その損益に応じて年金額が決まることが特徴。月額拠出限度額は原則5.5万円（他制度との併用の場合2.75万円）。原則60歳で受給できる。2012年より、加入者も追加拠出できる制度（マッチング拠出）がスタート。
個人型DC	上記の制度の下、自営業者などが個人で掛け金を支払うもの。自営業者の月額拠出限度額は原則6.8万円（国民年金基金と合算で）。サラリーマンの場合は原則2.3万円。
勤労者財産形成年金貯蓄	勤労者が、給与天引きで積立年金として受け取ることを目的とした制度（勤労者財産形成年金貯蓄）。持ち家取得を目的とした制度（勤労者財産形成住宅貯蓄）と合わせて元利合計550万円までの利息と配当収入は原則非課税。
国民年金基金	自営業者等のための国民年金に年金を上乗せする制度。原則、失業者、主婦、パート、学生などでも加入が可能。保険料が全額社会保険料控除の対象となる。
NISA（少額投資非課税制度）	2014年からスタートした新制度。年間100万円までの利子配当所得ならびに譲渡所得を5年間非課税に。20歳以上の日本居住者が1人1口座開設できる。10年間の時限措置。

（注）DCの月額拠出限度額の引き上げ（5.1万円→5.5万円）は2014年10月より実施。
（出所）各種資料よりフィデリティ退職・投資教育研究所作成

ると劣っている部分もありますので、両方をうまく使いこなすのがよい方法です。

ＮＩＳＡの概要と10の制約

何度か触れてきたように、ＮＩＳＡと呼ばれるこの制度は、英国で１９９９年から導入されたＩＳＡ（Individual Savings Account）を参考として導入されたことから、日本版ＩＳＡ、すなわちＮｉｐｐｏｎ ＩＳＡでＮＩＳＡと称され、ニーサとニックネームがつけられました。ちなみに、英国ではアイサと通称で呼ばれていることから、日本でもニーサとニックネームで呼ばれるようになったことは、制度への親しみを強める効果があると思います。

ＮＩＳＡの概要を理解するうえでは、①年間１００万円の投資額に対して、その年を含めた５年間の配当益、譲渡益が非課税になる、②毎年１００万円の非課税投資が可能になることから、投資元本ベースで５年間累計すると非課税総額は最大５００万円になる、③２０１４年から当面10年間、口座開設・資金拠出ができる、④対象となる金融商品は上場株式と公募株式投資信託とする、これら４つがポイントになります。

ＮＩＳＡのような投資に対する非課税制度は、マル優以来のきわめて稀《まれ》な投資優遇制度です。ただ、その一方でＮＩＳＡは制約も多く、これを理解することで、使う時の制度はよりわかりやすくなります。

ここで少し、その10の制約について説明しながら、制度への理解を進めていただこうと思います。もちろんそれぞれの制約にどのように対応するか、どのようにうまく活用するかについても併せて説明していくことにします。

１００万円の投資額が対象

第１の制約は、年間の投資上限が１００万円とされていることです。この投資額は、手数料な

図表27　少額投資非課税制度、NISAの概要

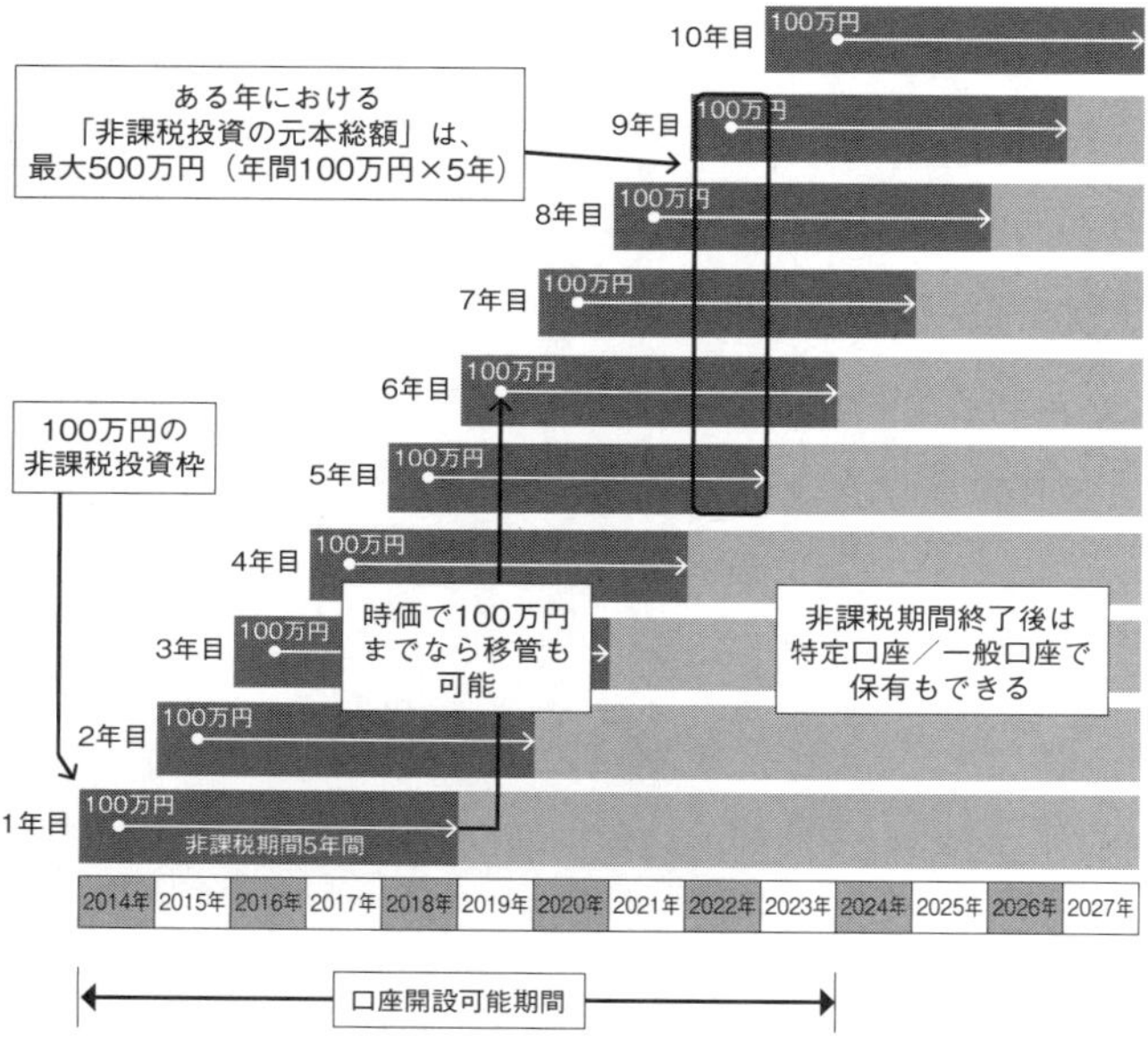

（出所）フィデリティ投信「あなたのためのNISA」

どを含みませんから、実質的な投資額として理解することができます。

ただ、たとえば１０００株が１単元で株価が６５０円の株式の場合、最低の取引金額は65万円となります。この株式をＮＩＳＡで保有しようとすると、１単元は可能ですが、２単元となると１３０万円になるため購入できません。ミニ株とか端株《はかぶ》で投資できる制度を導入していない金融機関ではこの場合、１単元だけしか投資できないことになります。

この点は不便なところです。またあとで説明しますが、これがＮＩＳＡの使い方などにも影響を与えることになります。

ところで、この１００万円をもっと引き上げるべきだという投資家からの声も出ています。しかし、１００万円だから「少額」投資非課税制度と呼ばれるところでもあります。これから資産形成をしようとする現役世代の人たちにとっては、年間１００万円の投資はかなりハードルが高いものです。

本来、ＮＩＳＡは現役世代の資産形成のための制度ですから、資産をたくさん持っている方よりも、少しの資金で投資される方にとって使いやすくなっていることが必要だといえます。とすれば、１００万円の金額を大きく引き上げることは必須ではないと思います。

英国のＩＳＡの場合、１９９９年のスタート当時の年間拠出上限は７０００ポンドでした。今の為替レート1ポンド＝１７０円で計算すると、１１９万円です。これだと日本の制度とそれほど変わりませんよね。まあ、英国のＩＳＡを参考にした制度ですから、似た拠出額の水準になるというのも頷《うなず》けます。

ただ英国の場合には、２００９年4月に終わる年度から何度か拠出額を引き上げ、さらに現在はインフレに合わせて限度額が引き上げられるようになっています。また、年間の拠出限度額は12で割れるように作られ、毎月の定額積み立てにも配慮されています。こうした考え方は、日本でも参考にしたいものです。

新規の投資が対象

第2の制約は、この投資が新規資金でしか認められていないことです。すなわち、すでに株式や株式投資信託をほかの口座で保有していて、それをこのNISA口座に移そうとしても認められないということです。

新たに投資をする、すなわち貯蓄に置いてある資金を新規に投資に回してほしいという政策の方向性がはっきりと出ているわけです。まさしく、「貯蓄から投資へ」のスローガンをこの制度に盛り込んでいるということになります。

買い戻し、繰り越しができない

第3の制約は、100万円の枠の買い戻し、繰り越しができないことです。当初100万円で投資を行い、途中で20万円分の商品を売却したとします。この場合、売却した20万円分の枠は買い戻すことができません。一度使った枠は再利用できないのが、NISAの大きな制約のひとつだからです。

これは売買を繰り返すこと、すなわち回転売買を認めないためといわれています。しかし、大きな欠点です。

たとえば50万円を債券で運用し、50万円を株式で運用する場合には、債券が55万円に増え、株式が45万円に値下がりした時には当初の半分ずつという資産配分比率に戻すために債券を５万円売って株式を５万円追加購入する必要が出てきます。これが資産運用における「リバランス」といわれるものです。

価格の変動そのものが、配分している投資商品の時価総額を変え、資産配分比率を変えます。リスクの高い資産がある期間に急騰したことで配分比率が高まっていると、それだけで資産全体のリスクが高まることになります。そのため、その資産配分を元に戻してリスク・リターンの水準を当初案に修正する必要があります。しかし、これをＮＩＳＡの中でやろうとする場合には、すでに当初１００万円の投資を行っていることから、債券の一部を売却することはできますが、株式を５万円分購入することはできません。これは資産形成には向かない仕組みです。

この結果、ＮＩＳＡに向いた金融商品として、リバランスを投資信託の中で自動的にやってくれるバランス型ファンドといわれるものの優位性が指摘されます。

実際、１００万円投資して、資産構成が変化してもこの投資信託の中でリバランスをしてくれることで、１００万円枠の売却後の再利用の議論はまったく不要になります。しかも、こうしたバランス型の投資信託は、分散投資をしていることでリスクを抑える効果がある点も、本来の投資の考え方からすれば非常に魅力的な機能といえます。

しかし、なかなか人気が出ないのも事実なのです。その理由としては、こうしたバランス型の投資信託が、リーマンショックの時に基準価額が大幅に下落してしまって十分に分散投資の効果を示せなかったことが挙げられます。

リーマンショック自体がかなり大きな変動だったこともあり、株も債券も為替（ドル）も大幅に下落したことで、どの資産に投資しても、すなわち分散投資をしても下落を抑えられなかったということです。しかし今になってみると、分散投資の効果は大きかったのですが。さらに最近では、金融機関にしてみれば、複数の資産に分散させることで投資家にすべての資産の説明をする必要に迫《せま》られることになり、これもなかなか人気の出ない背景です。

１００万円の枠の議論でもうひとつ、使い残しの枠も繰り越せない点に注意が必要です。たとえば、２０１４年のＮＩＳＡ上限１００万円のうち、毎月３万円の積立投資で年間36万円投資したとします。この場合、残りの64万円分は翌年に繰り越せないのです。もったいない話です。１００万円の枠は、使い残したからといって翌年に繰り越せないのもこの制度の特徴です。

非課税期間が5年間に制限

第４の制約は、非課税期間が5年間に制限されていることです。5年たったらＮＩＳＡ口座内の投資商品は売却するか、一般の投資口座に移すことになります。「５年たって課税口座に移すのはもったいないな」と思われる方も多いのではないかと思いますが、ちょっと考えていただくと、それでも意外に大きなメリットがあることがわかります。

１６４ページ図表28の上のグラフをみてください。たとえば、ＮＩＳＡで１００万円の投資を行い、５年後１５０万円になったとします。この投資商品をそのまま一般の課税口座に移したあと、何年かたって２００万円になった時に売却することを想定してください。

ＮＩＳＡ口座では、その口座に投資商品がある限り課税対象とされませんので、購入価格も売却価格も考慮されません。しかし、課税口座に移管した場合にはＮＩＳＡから課税口座に商品を移した時点での時価が購入価格として認識されます。すなわち、この場合には本当は１００万円で購入した投資商品なのですが、課税口座に移した５年後の時価１５０万円がこの商品の取得価格であったと税務上は認識されるわけです。

その場合には、２００万円で売却した時の売却益は50万円（＝２００万円－１５０万円）と計算されます。実際の１００万円の儲《もう》けと比べれば税金が半分になります。すなわち、５年間の非課税制度を利用したことで、そのあとに課税口座に移したとしても大幅な節税効果が得られるということになります。

課税口座に移すこともそれほど悪い話ではありませんよね。長期投資をする最初の５年間を非

図表28　5年後の時価が影響するNISAの課税関係

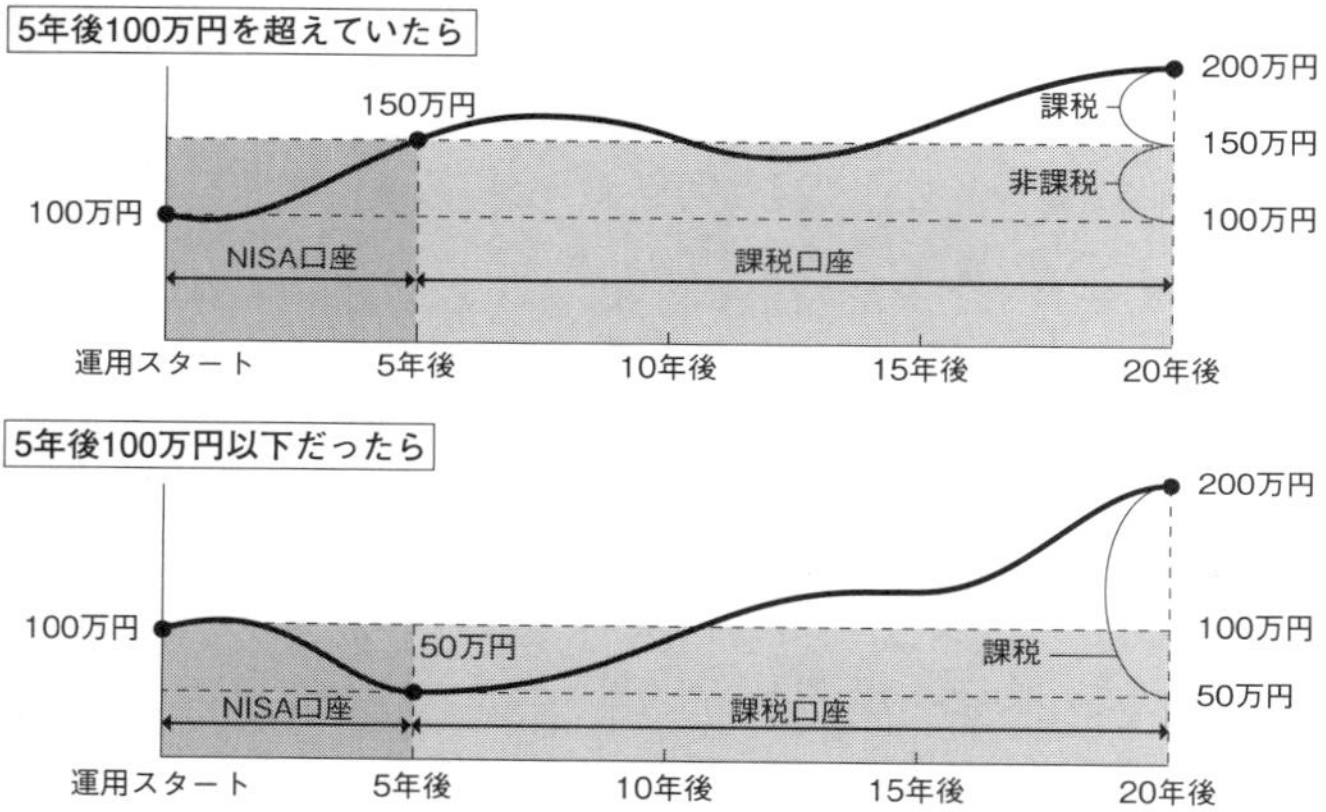

（出所）フィデリティ投信「あなたのためのNISA」

課税口座を使うことで節税に役立てる、と考えればいいわけです。

しかし、実は困ったこともあります。

今度は下のグラフをみてほしいのですが、もしＮＩＳＡ内で保有している間に値下がりした場合には少し厄介《やっかい》なことが起きます。たとえば１００万円で投資した商品がＮＩＳＡの期限である5年後に50万円に値下がりし、その後、課税口座に移した後、幸いにも２００万円にまで値上がりしたと仮定します。さて、この場合には課税対象となる儲けはいくらでしょうか。

１００万円で購入して２００万円で売却していますので、実質的には１００万円が課税対象となる儲けなのですが、先ほどの例示と同様に、ＮＩＳＡから課税口座に移した時の時価50万円が、課税口座で税金を計算するときの取得価格になります。この場合には、儲けは１５０万円となって、税金はかえって増えてしまいます。実質増税といえます。

これでは、何のための非課税制度かわかりません。

このために、ＮＩＳＡでは値下がりのしない投資商品を選ぶことが大切だという指摘もあります。しかし、私はそうは考えていません。ＮＩＳＡの非課税効果は、やはり値上がり益に端的に表れます。値下がりの可能性が少ない投資対象ということは、値上がりの可能性も低いということですから、そうした投資商品を選んでいては非課税のメリットはほとんど見込めません。

ロールオーバーで資金を移管

そこで、第２の制約とした「新規資金での投資」の「例外」をうまく使ってみることを考えてみませんか。この例外とは、ＮＩＳＡ口座から翌年以降のＮＩＳＡ口座には既存の投資商品を移管できるという仕組みです。これを専門用語で**ロールオーバー**といいますが、本来は新規資金での購入に限られていた投資対象も、ＮＩＳＡ口座からの移管であれば、すでに保有している投資商品でも認めるということです。

たとえば、１００万円で購入した投資商品が５年後に50万円に値下がりしたら、もうあと５年、ＮＩＳＡ口座で保有するようにロールオーバーしてはどうでしょう。そうすれば合計で10年間の非課税メリットを受けられる期間が確保できるわけですから、かなりの可能性で値上がりを期待できるのではないでしょうか。いや逆に、10年たっても値上がりが見込まれないような投資商品は、ＮＩＳＡであろうがなかろうが、投資対象としては避けるべきものだと思います。

これはなにも、値下がりした時の対策というわけではありません。

単純に、５年後までに１００万円に達しなければロールオーバーすると考えてみてください。たとえば、毎月３万円ずつ積立投資を行っている場合、初年度は36万円の投資元本になります。これが５年のうちに１００万円を超えるのであれば素晴らしいのですが、なかなかそうはいきません。かなりの可能性で１００万円には満たないと思いますが、その場合も先ほどと同じように、ロールオーバーをするつもりで考えてください。

結果としては、５年後の非課税期間終了時点で残高が１００万円を超えていれば、一般口座に移すか、そのまま売却をするか。１００万円を下回っていればロールオーバーして、もうあと５年非課税口座で運用を続けるというシンプルなルールを想定してみてはどうでしょうか。

損益通算の対象にならない

第５の制約は、５年間で損が出た時のもうひとつの課題です。ＮＩＳＡ口座は非課税口座となった時点で、課税対象ではないという扱いを受けることになります。そのため、５年後に課税口座に移した時にはその時点の時価が取得価格になるといった扱いもされるわけです。これは、たいへんうれしいＮＩＳＡの根本的なメリットにつながる点です。

しかし、課税対象ではないという扱いを受けることになったとたん、この中で損失が出ても課税上、それを損失と認めないことにも気をつけなければなりません。すなわち、ほかの一般口座で利益が出ていても、ＮＩＳＡの中の損失では税務上、利益を相殺《そうさい》できないということになります。

一般に、その年の投資の損失と利益は、相殺して利益総額を計算して納税できます。たとえば、Ａ投信で１００万円の利益が出て、Ｂ株式で40万円の損失が出た時には、それを相殺して60万円の利益として申告して税金を計算することができます。20％の税率であれば、12万円が税額ということになります。これがもし相殺できないとすると、１００万円の利益だけに20％の税率がかかることになり、税額は20万円になります。Ａ投信は課税口座で保有し、Ｂ投信はＮＩＳＡの非課税口座で保有していたとすると、相殺できないパターンになるわけです。

高いリターンを求めてＮＩＳＡ口座を使うことは、利益が課税されないという点では至極当然な考え方ですが、高いリターンはその一方で高いリスクも伴いますから、損失が出る可能性も高いわけです。そのために損失が出たらほかの利益と相殺できることを望む投資家も多いはずです。この点は十分に注意したいところですが、とはいえ、これを恐れて損をしにくい投資を考えると、結局は非課税のメリットを十分に生かせないことになります。

5年を経過した時に損失が出ているのであれば、6年目にロールオーバーするという考え方でここでも対応できるはずです。「恐れず、されど侮《あなど》らず」でいきたいところです。

恒久化の可能性

第6の制約は、NISAが10年の時限制度であることです。ロールオーバーをしようとしても、現在のとおりの10年の期限付き制度だとすると、5年たった段階で6年目にロールオーバーすると、それが終わる10年後で制度自体の期限が切れてしまいますから、2度目のロールオーバができない仕組みになっています。

もちろん、2度目のNISAを4年目、すなわち制度の最終年である10年目にロールオーバーすることで、そこから5年間の非課税期間が得られますから、計算上、1回目のNISAで5年間、2回目のNISAで4年間、そして3回目のNISAで5年間と、都合14年間のNISAを使うことはできます。

しかし、そんな対応をしなくても、10年の時限制度を恒久化することができれば、この課題は霧散します。現役の若い人たちも、NISAを使って毎年積立投資を行って、それが100万円にならなければ、次の5年にロールオーバーをし続けていくことができます。

2月13日は、語呂《ごろ》合わせで「ＮＩＳＡの日」とされています。２０１４年2月13日は、金融庁主催で、東京でセミナーが行われました。その翌週には、名古屋と大阪でも金融庁主催のセミナーが開催され、私もパネリストとしてステージに立ちました。そのパネルディスカッションで、多くの参加者の方が「制度の恒久化」を真剣に訴えており、金融庁にもその必要性は十分に伝わったのではないでしょうか。現役世代が十分にＮＩＳＡを使うことで、〝恒久化にせざるを得ない〟制度へと高めていくのも大切なことです。

対象投資商品が限定される

第7の制約は、ＮＩＳＡの対象投資商品が上場株式と株式投資信託に限定されていることです。日本では、よりリスクの低い債券型の投資商品が対象になっていません。ただ、ＭＭＦ（マネー・マネジメント・ファンド）やＭＲＦ（マネー・リザーブ・ファンド）などの債券型の投資信託や、国債などがＮＩＳＡの対象になってもいいのではないでしょうか。

もちろん、債券の金利は現状では非常に低いので、非課税のメリットはあまり実感できるものではありませんよね。しかし、もし公社債投資信託のような商品がＮＩＳＡの対象に含まれ、さらに第3の制約で言及しましたが、ＮＩＳＡの中で商品のスイッチング（ある商品を売却して他の商品を購入する）が可能になるとしたら、ＮＩＳＡの使い勝手はもっとよくなると思います。

ＮＩＳＡ向きは株？　投資信託？

今のところ、債券型の金融商品の導入、スイッチングの見通しなど、どれも定まっていませんので、まずは現状で上場株式と株式投資信託をうまく使う方法を考える必要があります。上場株式といっても外国株式も対象ですし、上場投資信託（ＥＴＦ）と不動産投資信託（ＲＥＩＴ）も対象ですから、それなりに値上がり益を狙《ねら》う商品はいろいろあると思います。

一方で、投資信託は株式投資信託のみとなっていますが、株式投資信託でも債券への投資ができるものもあります。この株式投資信託というのは投資信託の制度設計上の名称なので、実質的には、海外債券などに投資しているものも含まれます。投資信託協会のデータによると、２０１４年7月末で公募投資信託の残高は91兆１７５６億円で、そのうち株式投資信託は70兆９９１億円ですから、投資信託の77％がＮＩＳＡの対象だと考えていいわけです。

問題は、株式と投資信託のどっちがＮＩＳＡ向きなのかということです。何度も繰り返していますが、投資の利益に課税しないという非課税のメリットは、値上がり益にこそその醍醐《だいごみ》味があると思います。その点では、たとえばゲームのガンホー・オンライン・エンターテイメント株のように、株価が大化けした銘柄をＮＩＳＡで保有していればすごいことです。

同社の株価は、２００８年12月30日の終値9万８５００円から２０１３年12月30日の終値７５

7円へと推移していますが、この間に株式分割を3回実施して、1株が1万株になっていますから、実質的は77倍くらいの株価になっている計算です。１００万円が７７００万円になったとすれば、儲けの７６００万円に対する20％の税金１５２０万円が非課税だったという計算になります。大きいですよね。

これが、株式をＮＩＳＡで保有する最大の魅力です。

しかし、その一方で、たとえば株式には単元株制度があって、原則１００株とか、１０００株とかの単元株数で投資をすることになっています。そのため、単元株価格が１００万円を超えていると、原則ＮＩＳＡで購入することができません。２０１４年3月上旬時点でインターネットで検索してみると、単元株価格が１００万円を超える銘柄は70銘柄ありましたが、これは、そのままではＮＩＳＡで保有できないことになります。

また、１００万円を下回っていても、50万円を上回っていれば2単元の投資はできません。ちなみにこちらは、２８５銘柄あります。たとえば、1単元が50万１０００円だと2単元の購入はできませんので、このままであれば1単元のみの投資で、残りの49万９０００円分は枠を残すことになってしまいます。

さらに、5年たってロールオーバーしようとする際にも、この１００万円の上限の問題が降りかかってきます。90万円の単元株価格の株式が値上がりして102万円になっていれば、この段階では100万円を超えていますから、ロールオーバーの対象になりません。

こうした非効率を避けるためには、基本1万円以上1円単位で購入できる投資信託のほうが有利となります。

もちろん、投資信託は資産分散や銘柄分散してリスクを抑えている分、リターンが小さくなる面は否定できません。NISAで投資をする場合に、株式がいいのか、投資信託がいいのかとよく聞かれますが、これを考えるのは、大幅な値上がり益を狙うのか、投資の効率を考慮するのかといった、個人の投資に対する考え方が前提になりますね。

私はあくまで、資産運用にNISAを使うことが主眼なので、投資信託の効率性を重視しています。

口座の移管ができない

第8の制約は、口座の移管ができないことです。2015年から投資家は毎年違う金融機関にNISA口座を開設することができるようになりますし、途中で口座を解約しても翌年には口座の再開ができるようになります。A銀行でNISA口座を開いたものの、そのサービスや対象商品が自分の嗜好《しこう》と合わなくて、B証券でNISA口座を開きたいという場合には、翌年になりますが、これができます。

ただ、毎年口座を開設できるとはいえ、以前の口座を移管することはできませんので、Ａ銀行に当初開いたＮＩＳＡ口座で保有している投資信託は、新しく口座を開設したＢ証券に移すことはできません。なので、最悪の場合ですが、ＮＩＳＡが５つの金融機関に開設されることもあり得るわけです。

もちろん、投資家にとってもいいことではありませんので、できるだけ避けたいところですから、ＮＩＳＡ口座の開設は十分に吟味《ぎんみ》してから決めたいものです。

マイナンバー制で便利になる

第９の制約は、口座開設に住民票がいることです。ＮＩＳＡの口座開設には本人確認のために住民票を使うことになっていますが、住所を変更してその都度の住民票を使えば複数のＮＩＳＡ口座を開設することが可能になり、そうした不正を働こうとする人も出てきかねません。そこで厳密に本人の確認を取るために、勘定設定期間の１年前の１月１日現在の住所を示す住民票を提出する必要があります。

うん？　どういうこと？　という反応が返ってきそうです。勘定設定期間の１年前の……そんな説明を受けてもピンときませんよね。たとえば、２０１４年に口座を開設したいと思っている人は、2013年1月1日の住所を示す住民票を金融機関に提出することになります。これが2015年でも、2016年でも、2017年でも、最初の勘定設定期間中はすべて、2013年1月1日の住所を示す住民票が必要になります。

この間に転居をしていない人ならそれほど問題ではありませんが、この間に転居しているとなると、意外に厄介になります。企業に勤めている人だと、4月に転勤や転居をすることも多いですし、若い人であれば大学卒業、就職とか、現役世代であれば結婚や転居もあるかもしれません。その場合に、2013年1月1日が今の住所と違っていれば、前の住所のある役所に行って住民票(正確には除票)を取得する必要があります。その間に2度、3度と転勤していると、戸籍謄本《とうほん》で住所の履歴を取り寄せる必要さえ出てきます。

ただこれも、現在検討が進められている**マイナンバー制**が正式に導入されると、住民票の提示は不要になる予定です。マイナンバー制は、2013年に制度導入が決まり、2016年から実施に移されますが、NISAの本人確認用に使われるのはもう少し先のことになりそうです。

家族みんなで口座を作ろう

第10の制約は、1人1口座しか開設できないことです。100万円の年間投資上限が投資家にとっては少ないということで、「少額」投資非課税制度という呼び名になっています。そのため、１人複数口座を作れるようにしてほしいという声も出ているのは確かですが、実際には、複数口座にするよりは口座の年間投資上限を引き上げるほうを考えるべきだと思います。

ただ個人的には、この制度はあくまでも現役世代の資産形成に資するものというのが前提ですから、金額を増やすことが制度の趣旨をゆがめる可能性も秘めているように思います。

それよりも、１人１口座を有効に使うことを考えてみてはどうでしょう。この制度は、日本に居住する20歳以上の人であれば誰でも口座を開設できる、非常に間口の広い制度です。単純に考えて、夫婦ともに口座を作ることができますから、１家族で考えれば年間の拠出上限は２００万円ということになります。老後の資金、マイホームの頭金、子供の教育費などは夫婦で揃《そろ》えていくと考えれば、この制度を夫婦単位で使っていくことは大切なことです。

さらに、子供の結婚資金まで考えるのであれば、たとえば子供自身にもＮＩＳＡ口座を作って準備させることも可能です。もちろん、子供が子供自身の老後や住宅の資金を念頭に置いても構いません。夫婦２人、子供２人であれば、拠出の上限という意味では年間４００万円になります。

実際、それだけの資金を拠出することができるかといわれれば、現役世代にそこまでの資金を運用のために用意できる人は少ないでしょう。また子供口座といっても、これは親が出せば贈与になりますから、生前贈与で年間基礎控除額１１０万円を視野に入れておくべきでしょう。

いずれにしても1人1口座の制約は、資産を十分に持った投資家にとっては大きなテーマかもしれませんが、一般の現役世代にとっては、20歳以上なら誰でも口座を開設できるという点を考慮すれば、それほど大きな問題ではないはずです。それよりも、間口の広い制度として家族でこれを取り入れることのほうが重要です。

NISAに最適な商品は不要

英国に行った時、関係者に「ISAとは何ですか」と聞くと、ほとんどがWrapperです、と答えていました。Wrapperとは、Wrapする（包む）ものですから、包み紙のことで、ISAはその中身ではないということです。税制優遇という包み紙だとすれば、中身の投資商品は自分自身で考えて、それにどうやって非課税の効果を持ち込むかということだと思います。

セミナー後の質疑応答の際に、「〝NISAに最適な投資商品はこれです〟と金融機関の方に教えられたのですが、どうでしょうか」と聞いてこられた方がいます。しかし、NISAがISAと同様に非課税のWrapperだと考えると、〝包み紙に最適な中身〟なんて変な話ですよね。NISAに最適な投資商品ではなく、「自分の投資に最適な投資商品を選んで、そのうちの100万円分を非課税の包み紙に包む」といった姿勢が大切だと思います。十分に気をつけたいところです。

ＮＩＳＡの年代別活用法

ＮＩＳＡを Wrapper（包み紙）として活用するということは、その前提として投資を考えることが求められます。となると、それぞれ自分に合った投資の考え方をみつけて、それをＮＩＳＡと結びつけていくことが重要になります。そこで、すでに第3章でまとめてきた年代別の投資の考え方をＮＩＳＡの制約を考慮して、ＮＩＳＡとどうつなげるかを鳥瞰《ちょうかん》してみましょう。

まずは１７８ページ図表29をご覧ください。

これは、左側に年代別の投資の考え方・活用法と運用商品選別の留意点をまとめ、横にはリスクとリターンのプロファイルが並べてあります。年代別にリスクとリターンを考えると、原則論としては、若い世代にはハイリスク・ハイリターン投資が必要で、年代が上になるにつれて、リスクの低いもので投資をする必要が高まってきますから、リスクとリターンのプロファイルでは、その中心的な投資商品の構成を三角形や菱形の大きさで表すようにしてあります。

たとえば、現役世代は時間を味方につけることが可能なので、ある程度リスクを取ってリターンを求める投資姿勢が可能になります。そのためハイリスク・ハイリターン商品のところに三角形の面積の大きいところが来るようにしてあります。逆に高齢者の資産活用世代では、どちらかといえばローリスク・ローリターンの商品が求められるようになります。

図表29　NISA、年代別のアプローチ

		投資の考え方・活用法	運用商品選別の留意点	リスク・リターン・プロファイル		
				ローリスク・ローリターン	ミドルリスク・ミドルリターン	ハイリスク・ハイリターン
年代別アプローチ	30～40代　資産形成世代	①月次積み立てとの併用。 ②当初は積立額が非課税上限100万円を下回っても許容。 ③将来を想定し、夫婦で口座を作り、非課税枠を少しでも多く利用。 ④5年後に引き出さず、6年目の非課税口座にロールオーバーし、100万円の残高を目指す。	①複利効果を最優先。 ②月次積み立てを意識して個別株式よりも、株式投資信託を重視。 ③分配型よりも、成長型の投資信託を重視。 ④ハイリターン追求が可能。特に、年間100万円の上限枠にまだまだ余裕がある場合には、より高いリターンを追求できる。			
	50代　ロールオーバー世代	①非課税上限100万円にできるだけ近い額を投資。 ②5年間の運用で100万円を上回った分を5年後に取り出し、100万円分は6年目にロールオーバー。 ③夫婦で口座を作り最大1000万円の非課税枠を活用。 ④子供の口座も活用し、生前贈与の計画。	①長期よりも5年後の収益を重視。 ②ハイリスク・ハイリターンよりは、ミドルリスク・ミドルリターンを志向。 ③子供の口座は、長期投資ができるため、ハイリターン志向も可能。			
	60代以降　資産活用世代	①夫婦それぞれの非課税口座で総額1000万円を利用。 ②資産形成よりも取り崩すための資産活用を重視。 ③非課税で分配金の手取りを多くする。 ④子供の口座を活用し、生前贈与の計画。	①資金用途に合わせて、分配志向か成長志向かの選別。 ②普通分配金の多い投資対象を中心に、毎月の非課税効果を享受。			

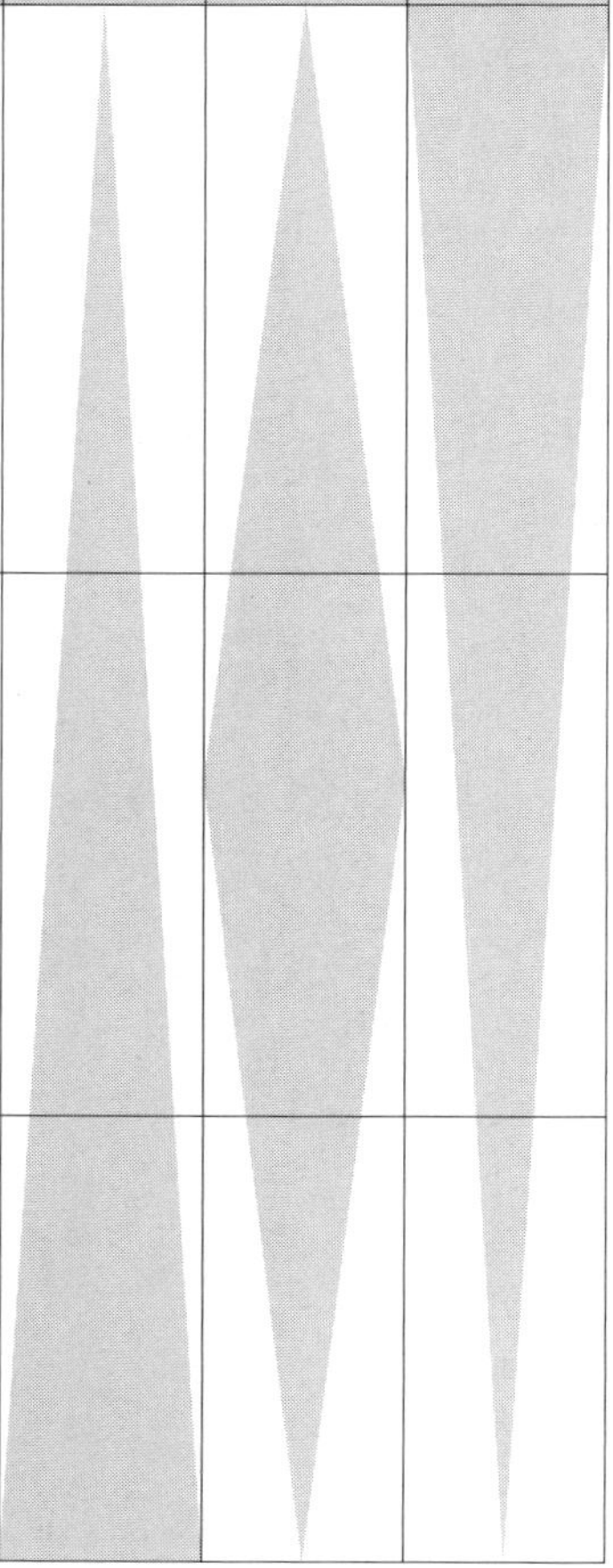

もちろんそれぞれの世代で、そうした商品性のものだけが求められるわけではないので、三角形の面積の小さい部分もそれぞれの反対側にかかるように組み込んでいます。

これをもとに、年代別のＮＩＳＡの活用法を考えてみたいと思います。

資産形成世代は積立長期投資

ＮＩＳＡを現役世代の資産形成に使うとなると、この世代ならではの強みを有効に活用することが大切です。それは、退職までに時間がたっぷりあること。月々数万円ずつという少額でも時間を味方につけて長期投資を続ければ、老後を迎えるまでに一定の資産形成ができるはずです。

この長期投資のきっかけ作りにＮＩＳＡを活用しましょう。

ＮＩＳＡで積立投資を始めれば、長期投資の最初の5年間が非課税になります。積み立てに利用する株式投資信託は、1年決算型など分配金を出さずに元本の成長を目指す、ハイリスク・ハイリターンのタイプが向いています。

積立額が月々3万円だとすると、年間で36万円ですから、ＮＩＳＡの年間１００万円の非課税枠が使いきれません。もったいないと思うかもしれませんが、まずはできることからやるのが大事なので、気にすることはありません。これをそのまま口座において運用を続けます。

図表30　30代、40代のためのNISAの使い方

30～40代は「積立投資」から始めよう

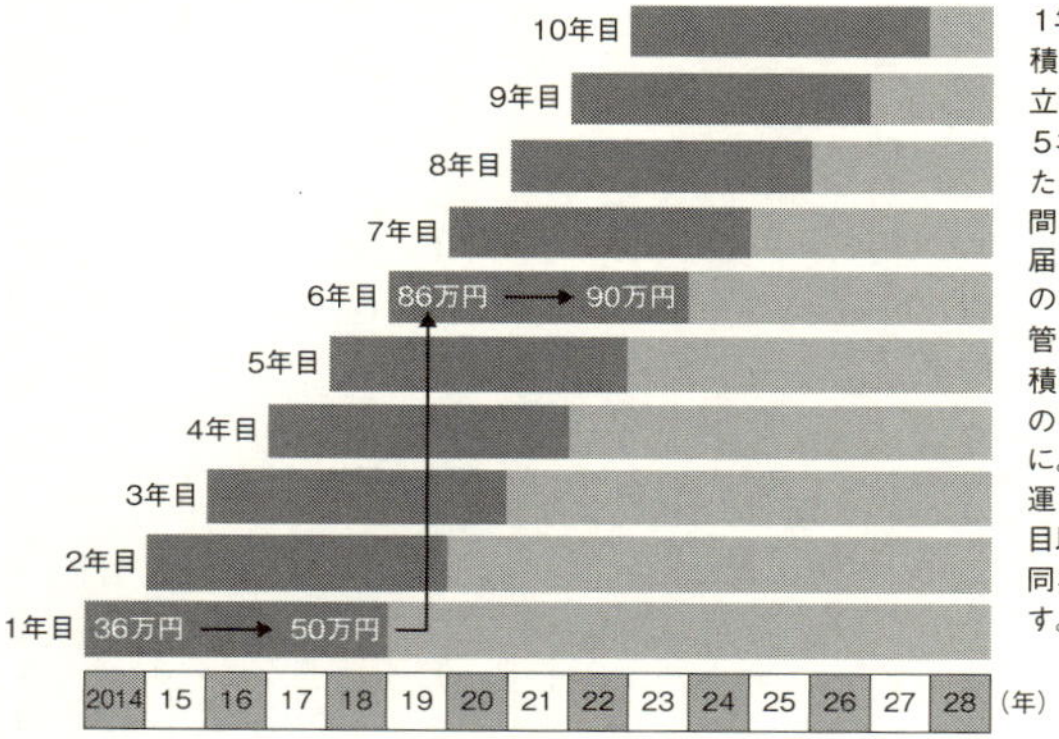

１年目に月３万円ずつ積み立てると、年間積立額は36万円。これが５年間で50万円に増えたとします。それでも年間100万円の上限には届かないので、６年目の口座に50万円を移管のうえ、月３万円の積み立てをすると６年目の積立残高は86万円に。100万円を目指して運用を続けます。２年目以降の非課税枠でも同様に積立投資をします。

（注）ここでは収益が出た場合を想定しており、実際には損失が出る時もある。これは、将来の収益を保証するものではない。手数料、税金は考慮していない。
（出所）フィデリティ退職・投資教育研究所作成

そして、５年の非課税期間が終わっても口座の残高が１００万円未満であれば、６年目の非課税枠にロールオーバーして、１００万円になるまでＮＩＳＡ口座での運用を続けます。次の年度も同じように月額３万円で投資を続け、それぞれに同じことを繰り返していきます。

なお、ＮＩＳＡの非課税枠は１人年間１００万円までですが、夫婦の場合にはご主人と奥さまでＮＩＳＡ口座を開設すれば、合わせて年間２００万円の非課税枠が使えます。それぞれの口座で積立投資をするというのも、いいアイデアではないでしょうか。さらに、20歳以上の子供も口座を作ることができますから、それぞれにそれぞれの目的で資産形成を始めてもいいと思いま

す。

勤務形態や勤務先の年金制度は関係ないため、ＤＣの対象になっていない専業主婦や公務員でもＮＩＳＡを使うことができるわけで、こうした人ほどその効果を有効に活用できるはずです。

英国ＩＳＡの年金との使い分け

また、英国では企業年金とＩＳＡの使い分けでも興味深いものがあります。２０１３年にロンドンで実際にＩＳＡを使って投資をしている人たちに取材をしましたが、その際、企業年金とＩＳＡを自由に使いこなしている姿が印象的でした。

たとえば、「企業年金では退職後までの長い期間を想定した投資ができるので、リスクを多少取ってもリターンを追求できる。その分、ＩＳＡではより安全な投資対象を選ぶ」という考え方を話してくれた人がいました。20年、30年という退職までの投資期間を想定できる企業年金だからこそ、株式等のハイリスクな投資対象でもリスクを軽減することができると考えるわけです。

ハイリスクな分だけ、リターンの高いものを投資対象に組み入れることができますから、おのずと企業年金が高い収益をもたらす素地ができるわけです。企業年金でそうした投資ができるなら、ＩＳＡではもう少し安全な資産を対象に選ぼうということになります。いつでも引き出せる分、ＩＳＡの投資目的は、結婚資金、住宅取得資金、学費など、老後資金よりは運用期間がもっと短いものに対応できます。

その一方で、真逆の考え方もありました。たとえば、「企業年金は老後の資産を形成するものなので、あまり無理はしない」という考えのもと、より安定的な運用をするべきだろうと考え、一方でＩＳＡはいつでも売却できることから、相場のトレンドをよくみて、それに乗るような運用を目指すというものです。年金で安全資産を重視する分、ＩＳＡではトレンド投資をしようということになるわけです。これも、ＩＳＡの特性を考慮した面白い運用の考え方だと思います。

ロールオーバー世代は5年後をめど

50〜60代が、現役世代から退職世代へ移行する＝ロールオーバーの世代であることは１１４ページで説明しました。このロールオーバー世代の悩みは、「退職まで時間がないのに老後資金準備が進んでいない」「年金だけで暮らせるかどうか不安」といったことでした。

確かに、老後資金作りを退職までに完了させようとすると、残された時間は5〜10年程度と短期間です。資産運用の期間が短ければ運用の手段も保守的にならざるを得ず、そうなると資産は思うように増えなくて、老後資金作りはますます困難になってしまいます。

そこで、「資産運用20年プロジェクト」を提案しました（１１６ページ）。老後資金作りは退職までという考え方から発想を転換すれば、ある程度積極的に増やす運用が可能になります。非課税メリットのあるＮＩＳＡは、この「資産運用20年プロジェクト」の中でもしっかりと生かせます。

現役中で収入があるうちは、ＮＩＳＡで積み立てをして資産の上積みを進めましょう。やり方は30〜40代の場合と同じです。退職が数年以内に迫ってきたら、来《きた》たるべき年金生活への備えとしてＮＩＳＡの別の使い方も考えることができます。非課税枠の上限１００万円にできるだけ近い、まとまった金額を投資し、非課税期間の5年間運用を続けます。その結果、得られた利益を5年後に非課税で引き出し、元本の１００万円は6年目の非課税枠に移行して再び5年間運用します。

2年目以降の非課税枠についても同様のやり方を繰り返せば、5年後以降、年に1回それ以前の5年間の投資収益を非課税で受け取れる仕組みができあがります。これを生活費の補塡《ほてん》に使うようにすれば、年金だけで暮らせるだろうかという不安も、ある程度解消されるでしょう。ご夫婦ともに同様の方法でＮＩＳＡ口座を活用すれば、かなり効率的に「使いながら運用する」ことができます。

資産活用世代は「使いながら運用」

すでに退職している人が多数の60代以上は、これまで形成してきた資産を取り崩しながら生活

図表 31　50代のためのNISAの使い方

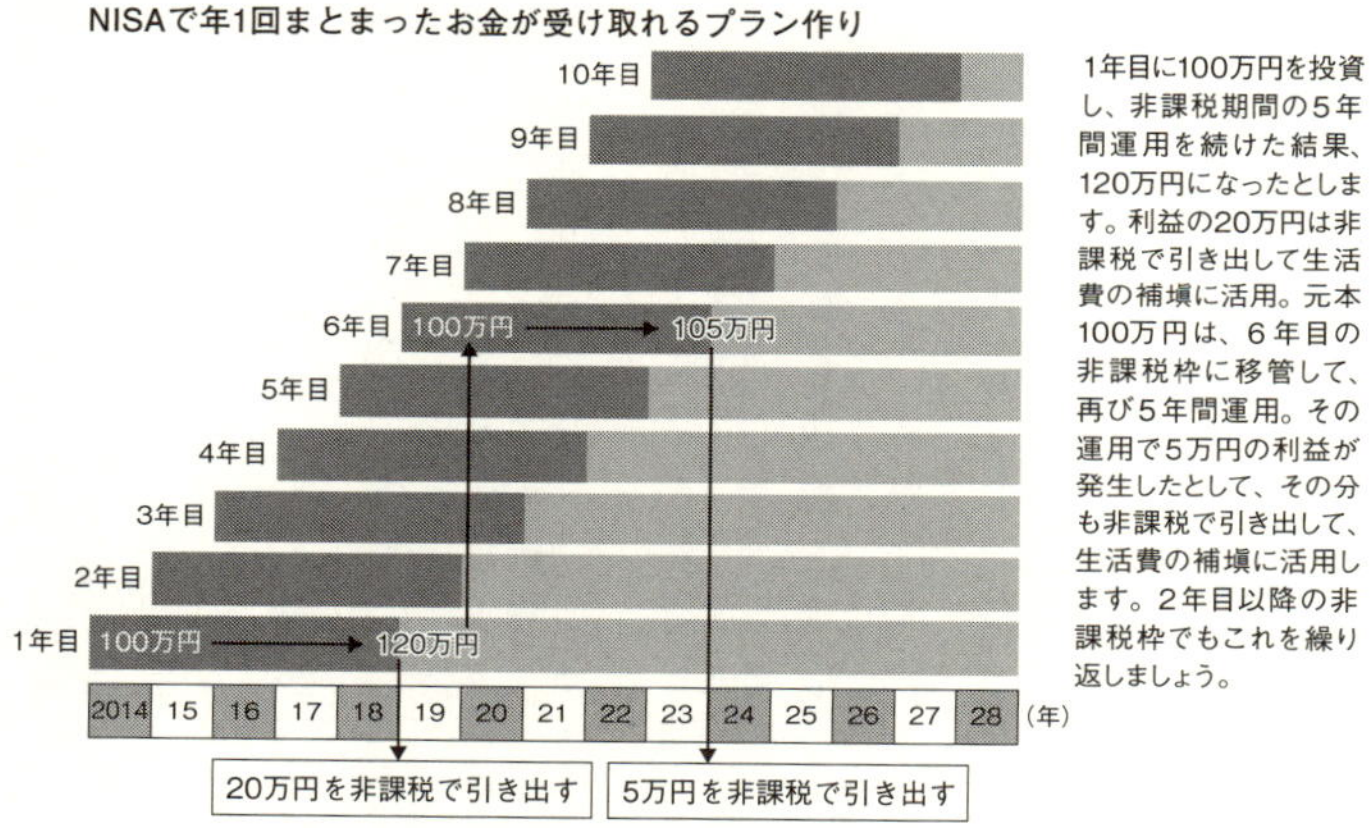

1年目に100万円を投資し、非課税期間の5年間運用を続けた結果、120万円になったとします。利益の20万円は非課税で引き出して生活費の補塡に活用。元本100万円は、6年目の非課税枠に移管して、再び5年間運用。その運用で5万円の利益が発生したとして、その分も非課税で引き出して、生活費の補塡に活用します。2年目以降の非課税枠でもこれを繰り返しましょう。

(注) ここでは収益が出た場合を想定しており、実際には損失が出る時もある。これは、将来の収益を保証するものではない。手数料、税金は考慮していない。
(出所) フィデリティ退職・投資教育研究所作成

していく世代、すなわち資産活用世代といえます。NISAはこの60〜70代半ばまでの「使いながら運用する」時代にも利用しがいがあります。

使いながら運用する方法のひとつに、毎月分配型の投資信託があります。年間非課税枠の上限100万円をまとめて投資して、分配金を毎月受け取り、生活費の補塡に使う考え方です。通常は課税される普通分配金がNISA口座なら非課税で受け取れるので、そのメリットを実感できるはずです。

2年目以降の非課税枠についても同じことを繰り返します。また、ご夫婦それぞれにNISA口座を開設して同様の運用をすると、2人分の非課税枠が活用で

図表32　60代からのNISAの使い方

非課税の分配金で生活費をカバー

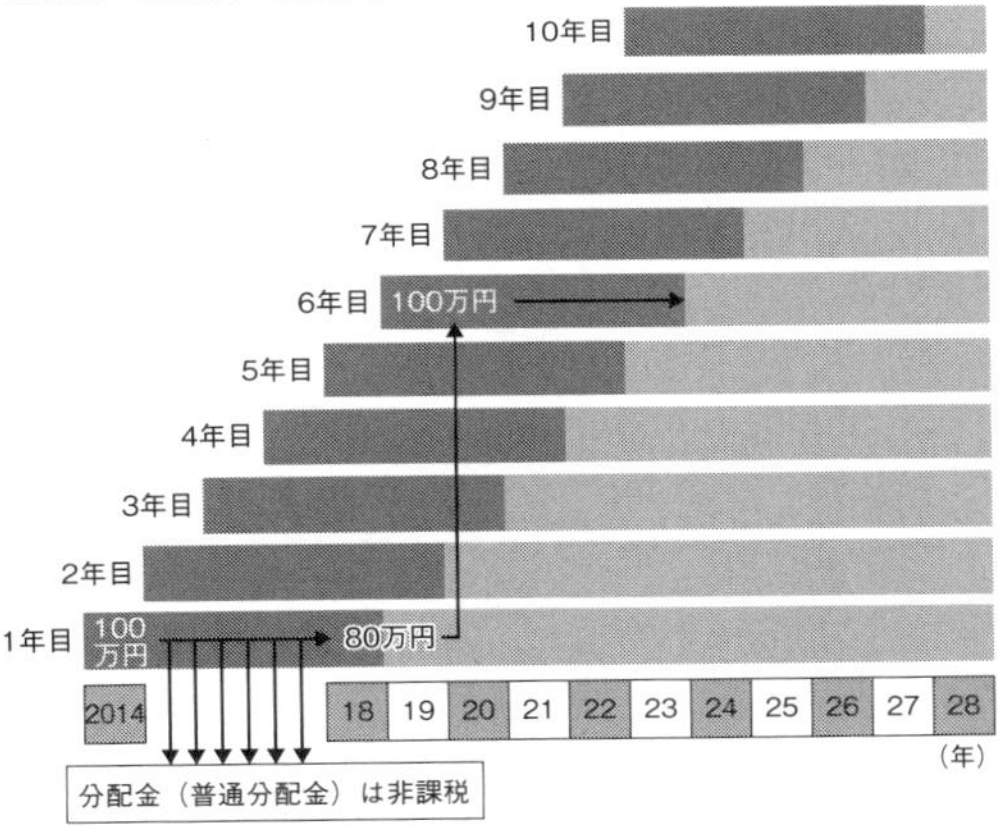

1年目の非課税枠を上限の100万円まで使って毎月分配型の投資信託を購入。毎月受け取る分配金のうち、普通分配金部分は非課税となります。5年間使いながら運用した結果、80万円になったとしましょう。これを6年目の非課税枠に移管し、20万円の資金を新たに加えて100万円にします。ここでも普通分配金はそのまま非課税で受け取れます。2年目、3年目と繰り返せば、投資元本計500万円から受け取る普通分配金が非課税となる仕組みに。

(注) ここでは、100万円の投資で分配金を払い出した後、80万円になったと想定。これは、将来の収益を保証するものではない。手数料、税金は考慮していない。
(出所) フィデリティ退職・投資教育研究所作成

きます。

ただ、分配金を受け取るデメリットも忘れてはいけません。ＮＩＳＡでは、年間の投資元本は１００万円が上限であることがルールとなっています。これは言い換えると、投資元本が１００万円なら途中の資産額は問わないということで、当初投資元本１００万円が値上がりして２００万円となっていても、５年間は関係ないわけです。

値上がった分を引き出さないで複利の効果を求めるほうが、運用としては効果的なはずです。また、当初投資額が１００万円なら、途中で引き出すとその分、口座内に再投資できないことも大きなデメリットです。投資信託で分配金を受け取ることは、基準価額がその分下落することですから、これは投資総額から途中で引き出すことと同じです。NISAのルールと、複利の効果を考えれば分配金を受け取ることはもったいないことではあります。

しかし、資産活用層の人にとって、資産は生活に使うためのもの。だからこそ、引き出すことの優先順位は高く、これを前提としてお金と向き合わざるを得ません。

NISAには、現役世代の資産形成層とは違った使い方があってもいいはずです。資産活用層にとっては単なる資産運用ではなく、引き出すことも視野に入れた資産管理が重要なことは第3章でもみてきました。その意味で、NISAは、引き出す資産の手取りを少しでも多くする手段としてとらえることも大切なポイントなのです。

資産活用世代のNISA活用術

実は、資産活用層にはNISAのいろいろな活用方法があります。たとえば、〝夫である自分が死亡し、妻が遺《のこ》された場合に備えて、まとまった金額を準備したい〟という目的なら、分配金を出さずに元本の成長を目指す投資信託を選び、NISAの実施期間が終わるまで長期投資で増やす方法も考えられます。こうした〝奥さまのための長生きに対する資産運用〟では、60代でそれを考えても、20年近い運用期間が期待できる場合があります。

もちろん、退職金などで予想外の医療負担などに対応する場合の資産運用でも、ＮＩＳＡは引き出しが自由な分、使い勝手のいい制度です。この場合では、分配型の投資信託は避けて資産を増やすことを第一の目的にすべきですが、奥さまの長生きに対する運用のように20年といった時期を想定することは難しいかもしれません。そのために、もう少しリスクが小さくて、５年くらいをめどに収益が上がりそうなミドルリスク・ミドルリターンの投資商品を考えるといいでしょう。

さらに、２０１５年から相続税の基礎控除が現行の６割に引き下げられるため、相続税の課税対象となる方々が増えるのは必至です。したがって、60代以上の世代は相続対策も考える必要があります。ここにもＮＩＳＡが使えそうです。相続税対策のひとつが生前贈与ですが、年間１１０万円までの基礎控除枠がこのＮＩＳＡの上限枠１００万円に近く、うまく絡《から》めて使う手があります。

親から生前贈与を受けた子供が、そのお金をＮＩＳＡ口座で運用すれば、非課税で相続した資金を使って非課税の長期投資が始められます。親は生前贈与により相続対策と同時に、子供の資産形成の手助けもできるというわけです。

第5章　退職金、どう運用したらいいのか

退職金で投資したのは3分の1

50代の資産運用20年プロジェクトで大切なポイントは、退職金の扱いでした。2011年に退職者8018人に聞いたアンケートでは、退職前にやっておけばよかったと後悔していることの第1位は「退職後の生活に心配しないだけの資産形成」で、実に50・6％の退職者が挙げています。思った以上に生活費がかかりそうだということが実際に退職してみてわかり、準備が不十分だったことを感じているからだと思われます。

そのために、予想以上に多くの方が退職金で投資をしていることもわかっています。ただ、その割に投資への理解があまり十分でないままに行っている懸念も多くあります。

そこでここでは、少し視点を変えて、退職金での投資の実態とそこに潜《ひそ》んでいる問題点をまとめてみたいと思います。それを参考にして、50代の読者は退職金での投資の準備を進めていただくといいでしょう。

アンケートの回答者8018人の退職金の平均金額は1873・5万円。その使い道としては、「退職後の生活費」との回答が一番多く、全体の過半数50・4％。その次に多かったのが、「住宅ローンなどの負債の返済に使う」（20・0％）ですから、「退職金は退職後の生活費のために」と考えている人が非常に多いことがわかります。

しかも面白いことに、退職前の年収別にみても、ほとんどの年収層で半分が「退職後の生活費」と答えているので、退職前の年収の多寡《たか》に関係なく、多くのサラリーマンが〝退職金は虎《とら》の子《こ》の老後の生活費〟という認識を持っていることがわかります。

しかし、その退職金で退職後の生活費がカバーできるだろうかというと、なかなかそうはいきません。２０１４年に行った勤労者３万人へのアンケートでは、「退職後の生活費は年金以外に３０００万円くらい必要」という平均値が出ています。退職金１８００万円ではまだ足りないということになります。

使い道の第2位が、「ローンの返済」。実は、住宅ローンは退職金だけで返済が終わらないものです。全国消費実態調査（平成21年版）によると、住宅ローンを抱えている比率が最も高いのは40代前半で53・6％。それが60代前半になると、大幅に低下して20・6％となります。これは退職金で返済する人が多いためと推測されますが、逆にみると、53・6％が20・6％に低下しただけですから、住宅ローンを抱えていた人の約４割が60歳前半でもまだ住宅ローンを残していることになります。

これもなかなかたいへんな状況といえそうですが、平均金額１８７３・５万円ある退職金でも意外に頼りなく、そのままでは「あっという間になくなってしまう」気がするようです。そこで、「なんとか少しでも退職後の生活の足しになるように」と退職金で資産運用を考える人がいるわけです。

8018人のうち、退職金で投資をしたのは2990人、全体の37・3％に達しています。さらに退職金で投資をした2990人のうち、退職金のうち何割を投資に振り向けたかを聞くと、「総額の3割」が一番多くて24・6％、次が5割の19・4％、2割の17・9％と続きます。退職金で投資をする人は、投資を積極的に行っている様子がわかります。

退職金投資のお粗末な実態

退職金がまとまった金額を受け取る数少ないチャンスであることはわかります。また、退職後の生活資金をなんとかしたいという気持ちもよくわかります。なので、退職金を使って投資をしようと考えることは否定しません。ただ、十分な準備とか、考え方を持って臨んでほしいものですし、それまで投資をやったことがない人が初めての投資を「退職金で」と考えるのは少々危険な気がします。

できることなら、それまでに投資の経験を積んでおくことが大切だと思いますし、それができていないのであれば、退職してから少しずつ、ゆっくりと始めてみるようにしてください。

そうした初心者にとっても、また実際に退職金で投資をしている人にとっても参考になるように、アンケート結果から「退職金投資でやってはいけないのに実際やってしまっていること」をまとめ、紹介していくことにします。ぜひ参考にしてください。

マーケットに振り回されるな！

アベノミクスで、日経平均は2012年の11月から上昇に転じて、2013年だけでも6割近い上昇となりました。その後、1万4000円から1万6000円台の間で乱高下《らんこうげ》していますが、2013年を通してみると、儲《もう》かった人が多いのではないでしょうか。そして、ちょうど投資の優遇税制がなくなる年末にかけて益出しをした人もいるはずです。

こうしたことがあると、いろんなところで投資で儲かったという話が漏《も》れ聞こえてくるものです。マネー雑誌で紹介されるだけでなく、身近な人からも当然のような顔で「投資で儲かった」といった話が出てきます。そうなると、退職金を使って投資をしてみたくなるというのもよくわかる心情です。

でも、マーケットに振り回されて投資をすると、あまりいい結果につながりません。得てして高値摑《づか》みになるものです。これが、退職金での投資の問題のひとつ目です。

退職金でも時間分散の投資を

では、どうすればいいのでしょうか。2014年は退職金での投資を見送るべきだ、というわけではありません。金融市場は常に変動というリスクを抱えているものなので、退職金での投資を特定の年に集中するのではなく、ここでも少し、時間分散を考えるべきだということです。

24・6％が退職金の3割を投資に回していて、この比率が最も大きかったことはすでに紹介しました。たとえば3割を投資するのであれば、1割ずつ3回に分けて投資してはどうでしょう。半年に1回とか、1年に1回とか。現役時代の資産形成ではありませんから、毎月積み立ててといったことは必要ありませんが、ある程度のマーケットの変動を理解したうえで、数回に分けた時間分散を実行するのは十分意味のあることだと思います。

マーケットに振り回されないような退職金での投資が求められています。

インフレの時代が到来するか!?

安倍政権のスタートとともに、脱デフレに向けて大きく舵《かじ》が切られたことはみなさんご存じのとおりです。日銀がインフレの目標を2％に設定するとか、2014年の春闘で企業の賃金の引き上げが注目されたり、消費税の引き上げを価格転嫁《てんか》するように誘導したりなどと、とかくモノの価格が上がるように動き始めています。

これは、インフレに向けて動こうとしているということです。脱デフレといえば何かいいことのように思いがちですが、デフレに慣れた中でインフレのリスクを軽視して人生設計をする危険性を今こそ理解しておく時です。

特に退職後の生活を考える場合には、現役世代のようにインフレに伴《ともな》って給料が上昇するという直接的なメリットが期待できないだけに、支出増をカバーする収入増がなければ厳しい生活を強《し》いられることになります。その点への配慮が十分に必要になってくることは改めて考えておきたいところです。

しかし、フィデリティ退職・投資教育研究所が2011年に行った退職金に関するアンケートでは、60－65歳の退職者にインフレへの警戒感が窺《うかが》われない結果が出ていることも確かです。これが第2の問題点です。もちろん、アベノミクスの前の段階でのアンケート結果ですから、その後みなさんのインフレへの警戒感が増しているのなら何もいうことはありませんが……。

退職者8018人のうち、退職したあとで「金銭面で不安があるかどうか」を訊《たず》ねたところ、不安が「ある」と回答した人が4264人と、全体の53・2%を占めました。かなり多くの人が退職した段階で金銭面での不安を抱えていることがわかったわけですが、その理由を4つの選択肢の中から聞いてみました。同じ質問を2008年にも行っており、その変化をみると特徴が浮き出ているのがわかります。

長生きすることで想像以上に生活費がかかって資金が枯渇《こかつ》するリスクは、いわゆる「長生きリスク」と呼ばれますが、この3年間に28・2%から37・5%と大幅に上昇しています。年金にまつわる課題が広く認識されるようになり、また高齢者の孤独死とか、年金だけで生活できないといった報道がなされることから、思いのほか多くの方が〝気づき〟を持っているのかもしれません。

また、医療・介護の費用負担が想定以上になる「医療・介護のリスク」も38・7%から34・5%と高水準を維持しています。医療や介護の問題はいつ降りかかってくるかもしれないという不安感と併せて、その金額が多額になりかねないと懸念する人が多いからでしょう。

一方で気になるのが、「インフレのリスク」への無警戒ぶりです。数値は、11・9%と4つの中で最も低い水準ですが、それ以上に3年前の22・9%から10ポイントほど低下しているのです。長らく続くデフレから、現状では「インフレのことはひとまず脇に置いておこう」といった気持ちが働いているのは容易に想像できますが、前述のとおり、今やインフレを心配する時代です。

そこで、退職金を受け取った退職者にとって、インフレ対策として必要な資産運用とは何かを考えてほしいと思います。銀行預金やタンス預金だけでは、インフレによって資産の実質価値は下落することになるので、インフレ率を上回る運用収益が期待できるような資産、たとえば株式や海外債券といった資産を組み入れることが大切になるのはよくいわれることです。もちろん、一般にはより高いリターンを求めれば、より高いリスクを許容せざるを得ませんから、そのリスクを少しでも低減させるために、①リスクの大きさを十分考慮すること、②時間分散で投資の効率を上げること、③資産の配分を進めて資産の偏《かたよ》りのリスクを軽減すること、といった方策も考えてほしいところです。

金銭面で不安だから投資する

「投資は余裕資金で行うべきだ」、これってよく聞きませんか？　一般的な投資を考える時には至極もっともな表現だと思いますが、退職後の生活を想定すると、これが必ずしも正解とはいえません。これが3つ目の課題です。

退職者8018人のアンケート調査で、退職後の生活に金銭面で不安があると回答した人は全体の53・2％、4264人に達したことはすでに述べました。退職金を受け取った直後であるにもかかわらず、退職後の生活で金銭面の不安を抱えているわけです。

しかし、考えなければならないのは、金銭面で不安がある人と、不安がない人で投資の動向や退職金の取り扱いに関して違いがはっきり出ていることです。

最も顕著なのが、投資をしている人の比率です。退職後の生活で「金銭面で不安のない人」の42・5％が投資を行っていますが、「金銭面で不安のある人」で投資を行っている人は32・7％

にとどまっています。この10ポイントほどの開きは、「金銭面で不安があるから投資ができない」ということを示しているのではないでしょうか。まさしく「投資は余裕資金で行う」ものだから、「余裕資金がないから投資をしない」という考えになるわけです。

では、逆説的に考えてみましょう。

「金銭面で不安があるから投資をするべきではない」としたら、「金銭面で不安のある」退職者は、どうやってその不安を解消すればいいのでしょうか。現役世代なら一生懸命働いて収入を増やす一方で、支出を減らして対応することもできますが、退職してしまうと年金が増えることを願うわけにはいかず、もちろんいつまでも働き続けるということもできません。また支出を減らすのは大切ですが、限界もあります。

だとすると、退職してからの場合には、かなり限られた方法しか残されていないことになります。退職者にとって「金銭面で不安があるから投資はしないほうがいい」と言い切ってしまうと、金銭面での不安を取り除く方法を放棄してしまうことになりかねません。

もちろん、「だから投資をしろ」というつもりはありませんが、もう少しお金に関して、しっかりとした考えを持って行動してもいいのではないでしょうか。

アンケートの結果をみると、投資をせず残ったお金の保有状況を聞いた設問でも、金銭面で不安のある人ほど「より高い金利が付く銀行に預け替えた」比率が低く、「振り込まれた銀行にそのまま」にしている比率が高くなっています。

すなわち、「金銭面で不安がある人」の特徴とは、①投資をする比率が少なく、②少しでも高い金利を求めるといった行動を起こす人も少なく、③退職金を振り込まれた銀行にそのままにしている傾向が強い、という結果になっています。まるで、「金銭面で不安があるので、何もせず、金縛りに遭《あ》っている」だけのようにみえてしまうのは私だけでしょうか。

「余裕資金」って、なんだ？

ところで、「投資は余裕資金で行うべき」という場合の「余裕資金」とは、いったい何でしょう。「余裕資金」というと、どこか「ゆとりのある資金」や「余った資金」などと、「なくなってもいいお金」のようなニュアンスを感じてしまいます。しかし、本来の意味は、「当面使う予定のない資金」ということのはずです。

退職者にとっては「なくなってもいいお金」「余ったお金」など絶対にありませんが、「当面使わないお金」は、考え方によっては十分にあり得ると思います。退職後20年、30年、35年と生活の時間が延《の》びている中で、後年の生活費に相当する部分は、「当面使う予定のない資金」であり、本来の意味合いからいえば「余裕資金」と呼べるもののはずです。

その投資、目的に合ってる？

4つ目の見直してみるべきポイントは、実際に投資をしている人の特徴です。

退職金の使い道として、最も多かった回答が「定年退職後の生活費に使う」というもので、全体の50・4％。その次が「ローンや負債の返済」で20・0％、さらに「万一のまとまった支出への備え」は9・4％と続きました。ローンの返済に使ってしまうお金は仕方ありませんが、残りの2つの理由、「退職後の生活費」と「まとまった支出への備え」はすぐに出ていってしまうお金ではありませんから、「運用の可能性があるお金」ということもできます。

そこで、退職金の使用目的として、この2つを答えた退職者が、それぞれどんな投資対象商品を選んでいるのかを比較してみました。

その結果、投資の目的に適《かな》っていない投資商品を選ぶ傾向の強いことがわかりました。理論的に考えると、「万一の時のまとまった支出への備え」を想定している資金は、たとえば分配金などで資金を引き出すような投資対象は適っていません。必要になる時までじっくりと育てておくべき資金といえるため、株式とか、株式投信で分配金のないもの（または少ないもの）、より安心を求めるのなら債券に投資する投資信託などで分配金のないもの（または少ないもの）などを優先させたいところです。

逆に、「退職後の生活資金」として考えるのなら、株式等の価格の変動の激しい金融商品への投資は、短期的なタイミングで引き出す可能性のある「日々の生活資金」用としては不向きだと考えるべきでしょう。

また、流動性の高さや「使いながら運用する」という考え方のもとに、いかにうまく引き出すかということも大切な視点となります。その手段として分配金をうまく活用することも考えるべきだと思います。定期的な分配金のある投資信託は、リスクを抑えながら投資できる金融商品として検討する価値があると思います。

さて、そうした理論的なことがわかったうえで、アンケート結果をみると、やっぱり変でした。退職金の使い道が違っても、投資対象はほとんど同じなのです。

「万一のまとまった支出への備え」を目的にしている人の中では47・２％が、また「退職後の生活費」を目的にしている人の中では53・４％が、日本株を投資対象としています。分配型投資信託で主流となっている海外債券に投資する投資信託の場合では、「万一のまとまった支出への備え」を目的にした人は29・２％、「退職後の生活費」を目的とする人では28・０％と、ここでもほとんど変わっていません。

実際の退職金での投資は、その資金の使い道とはかなりかけ離れたかたちになっているといえます。

退職金をいかに活用するかは、退職者にとってきわめて大きな課題です。退職後の人生が30年以上と想定されるだけに、その活用の巧拙《こうせつ》によって、最も対応力の落ちている人生の最後になって生活資金が不足することにもなりかねません。専門家の相談を受けて、十分な検討をすべきところでしょう。

おわりに

２０１０年に『老後難民』というタイトルで本を上梓《じょうし》してから、この言葉が少し注目されるようになりました。出版前にGoogleでこの言葉を検索した時には1件もヒットしませんでしたが、その後６万件を超える件数になり、今でも２万件ほどヒットします。実際、自分の知らないところでほかの方がこの言葉を使ってくださっているのをみたりすると嬉しいものです。

しかしその反面、こうした厳しい表現、暗くなりがちな表現が使われ続けることは必ずしもいいことではありません。

もちろん「老後難民」という言葉は、世の中を暗くさせるために使い始めたわけではありませんし、懸念に気づいていただくためのメッセージですから、当然その解決策も提示してきました。その後に出したレポートや雑誌などへの寄稿、セミナーや講演会でもその都度、解決策の提示をしてきました。

そうした積み重ねで、やっと年代別にどんなアイデアがあるか、それをどうつなぎ合わせるべきかにメドがついてきました。それをぜひ、一覧にして提供したいと願っていたところに、講談社+α新書から『老後難民』の続編として本著を出させていただくことができたわけです。

「老後難民」にならないための解決策として提示したいのは、「逆算の資産準備」です。

退職までにいくら資産を準備するかという考え方から一歩抜け出して、95歳まで資産を持続させることにゴールを置くことで資産運用、資産管理に新しい視点が加えられるのではないかと思っています。95歳で資産がゼロになることをゴールに、そこから遡《さかのぼ》って必要な資産の残高を作っていく方法で、無理のない計画を立てられるはずです。

20代、30代には、資産運用の長期的なメッセージを届けることができ、50代には「定年までに資産を用意しなければならない」という呪縛《じゅばく》から解き放たれる考え方を案内できます。退職者には「使いながら運用する」という考えのもと、資産管理とどう向き合うかも明示しました。

ひとつひとつがバラバラなものではなく、一人の生涯としてお金とどう向き合っていくかを俯《ふ》瞰《かん》できていることが「逆算の資産準備」の特徴であり、強みです。

本著が読者の皆様の資産形成、資産管理の考え方の基礎となることを心より願ってやみません。本著の出版に際して、編集のためにご尽力いただいた講談社の村上誠さんには本当に感謝しています。解決策のヒントになる議論を提供してくれた会社の同僚や金融機関の関係者の皆様、セミナーに来場いただいた方々、さらには雑誌や新聞などの記事を読んでいただいた方々には、「逆算の資産準備」の考え方を練《ね》り上げていくうえで、どれだけ後押ししていただいたかわかりません。ありがとうございました。

そして最後に、何も言わずに執筆を支えてくれた家族にも心より感謝します。

なお、本著は筆者個人の意見であり、フィデリティ投信株式会社とは一切の関係がないことを申し添えます。

２０１４年８月　岐阜の実家にて

野尻哲史《のじりさとし》

野尻哲史

一橋大学卒業。内外の証券会社調査部を経て、現在、フィデリティ投信株式会社にてフィデリティ退職・投資教育研究所所長を務める。10年以上にわたって個人投資家の資産運用に対するアドバイスを続けており、最近はアンケート調査から個人投資家の投資動向を分析した意見を多く発表している。公益社団法人日本証券アナリスト協会検定会員、証券経済学会・生活経済学会・日本FP学会・行動経済学会会員。
著書には『株式市場の「死」と「再生」』(経済法令研究会)、『投資力』(日経BP社)、『退職金は何もしないと消えていく』『なぜ女性は老後資金を準備できないか』『老後難民　50代夫婦の生き残り術』(以上、講談社＋α新書)などがある。

講談社＋α新書　429-4 C

日本人《にほんじん》の4割《わり》が老後《ろうご》準備《じゅんび》資金《しきん》0円《えん》

老後難民にならない「逆算の資産準備」

野尻哲史《のじりさとし》

2014年 9 月22日第1刷発行
2014年10月24日第2刷発行

発行者——— 鈴木 哲
発行所——— 株式会社 講談社
東京都文京区音羽2-12-21 〒112-8001
電話 出版部(03)5395-3532
販売部(03)5395-5817
業務部(03)5395-3615

帯写真——— アフロ
デザイン——— 鈴木成一デザイン室
カバー印刷——— 共同印刷株式会社
印刷——— 慶昌堂印刷株式会社
製本——— 株式会社若林製本工場
本文データ制作——— 朝日メディアインターナショナル株式会社

ISBN978-4-06-272868-3

講談社+α新書

「骨ストレッチ」ランニング 心地よく速く走る骨の使い方
松村 卓
骨を正しく使うと筋肉は勝手にパワーを発揮!! 誰でも高橋尚子や桐生祥秀になれる秘密の全て
840円 657-1 B

「うちの新人」を最速で「一人前」にする技術 美容業界の人材育成に学ぶ
野嶋 朗
へこむ、拗ねる、すぐ辞める「ゆとり世代」をいかに即戦力に!? お嘆きの部課長、先輩社員必読！
840円 658-1 C

40代からの 退化させない肉体 進化する精神
山﨑武司
努力したから必ず成功するわけではない——高齢スラッガーがはじめて明かす心と体と思考！
840円 659-1 B

ツイッターとフェイスブック そしてホリエモンの時代は終わった
梅崎健理
流行語大賞「なう」受賞者—コンピュータは街の中で「紙」になる、ニューアナログの時代に
840円 660-1 C

医療詐欺 「先端医療」と「新薬」は、まず疑うのが正しい
上 昌広
先端医療の捏造、新薬をめぐる不正と腐敗。崩壊寸前の日本の医療を救う、覚悟の内部告発！
840円 661-1 B

長生きは「唾液」で決まる！ 「口《くち》」ストレッチで全身が健康になる
植田耕一郎
歯から健康は作られ、口から健康は崩れる。その要となるのは、なんと「唾《つば》液」だった!?
800円 662-1 B

マッサン流「大人酒の目利き」 「日本ウイスキーの父」竹鶴政孝に学ぶ11の流儀
野田浩史
朝ドラのモデルになり、「日本人魂」で酒の流儀を磨きあげた男の一生を名バーテンダーが解説
840円 663-1 D

63歳で健康な人は、なぜ100歳まで元気なのか 人生に4回ある「新厄年」のサイエンス
板倉弘重
75万人のデータが証明!! 4つの「新厄年」に人生と寿命が決まる！ 120歳まで寿命は延びる
880円 664-1 B

預金バカ 賢い人は銀行預金をやめている
中野晴啓
低コスト、積み立て、国際分散、長期投資で年金不信時代に安心を作ると話題の社長が教示!!
840円 665-1 C

万病を予防する「いいふくらはぎ」の作り方
大内晃一
揉むだけじゃダメ！ 身体の内と外から血流・気の流れを改善し健康になる決定版メソッド!!
800円 666-1 B

なぜ世界でいま、「ハゲ」がクールなのか
福本容子
カリスマCEOから政治家、スターまで、今や皆ボウズファッション。新ムーブメントに迫る
840円 667-1 A

表示価格はすべて本体価格（税別）です。本体価格は変更することがあります